JN313242

日本史の流れが一気にわかる!!

マンガ 日本史 上

みすず学苑講師
宮崎知典 原案

南部英夫 脚本

池原しげと 作画

たちばな出版

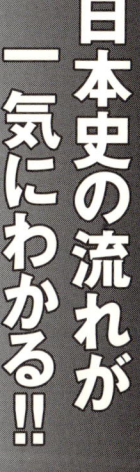

マンガ日本史《にほんし》上《じょう》 目次《もくじ》

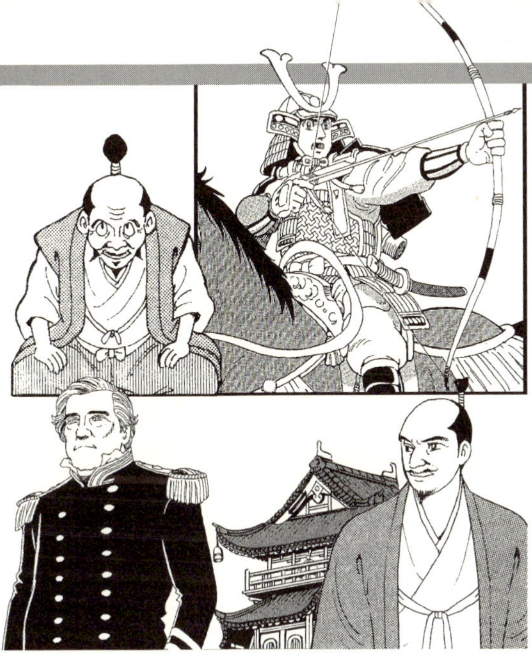

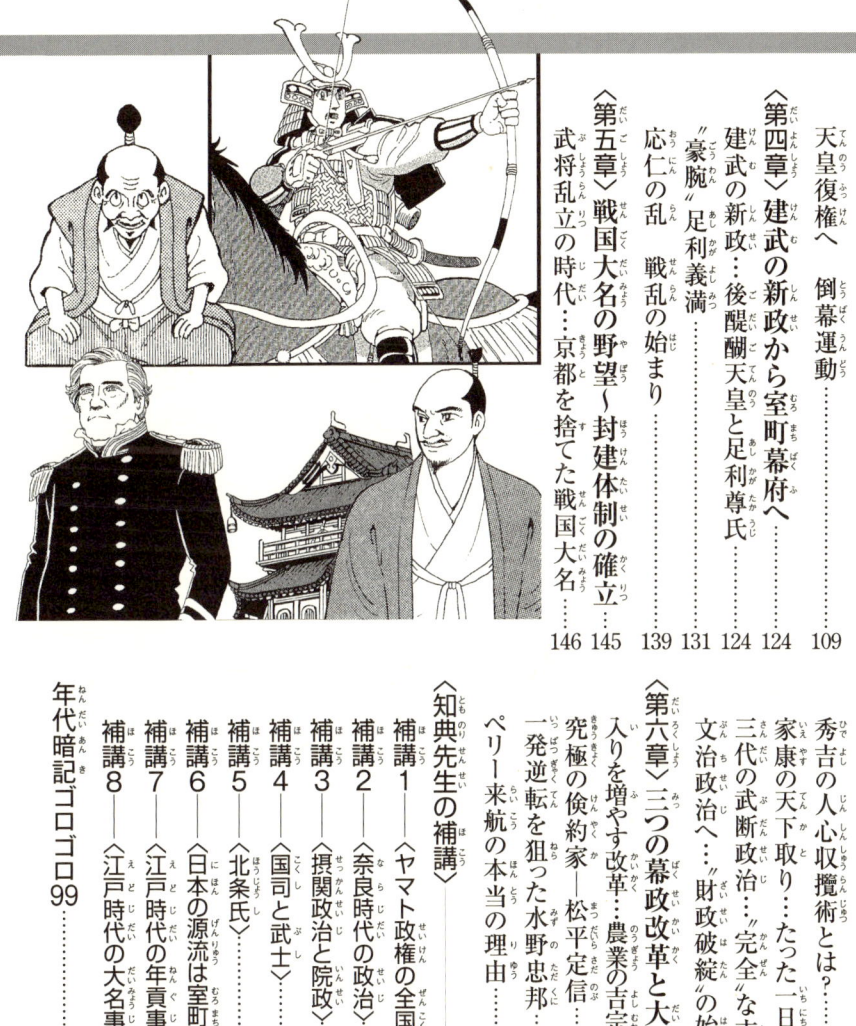

序《じょ》文《ぶん》

日本史《にほんし》というと、無味乾燥《むみかんそう》な丸暗記《まるあんき》というイメージがあり、無理《むり》に暗記《あんき》しようと詰《つ》め込《こ》む人《ひと》がいます。しかし、無理《むり》やり押《お》し込《こ》んだ記憶《きおく》は、あっという間《ま》に飛《と》び出《だ》します。定期試験《ていきしけん》の前日《ぜんじつ》に、一夜《いちや》漬《づ》けで覚《おぼ》えたのに、一晩《ひとばん》寝《ね》るとすっかり忘《わす》れていた経験《けいけん》は、誰《だれ》しもあるはずです。

私《わたし》が講義《こうぎ》している予備校《よびこう》でも、中学《ちゅうがく》や高校時代《こうこうじだい》に歴史教科書《れきしきょうかしょ》を開《ひら》くと、眠《ねむ》くなってしまったとか、覚《おぼ》えても覚《おぼ》えても、忘《わす》れてしまうと嘆《なげ》く生徒《せいと》がたくさんいます。しかし、そういう生徒《せいと》でも、1年間《ねんかん》で何《なん》でも答《こた》えられるようになり、みんな見事《みごと》に難関大学《なんかんだいがく》に進学《しんがく》します。

(もちろん、日本史《にほんし》だけで合格《ごうかく》できるわけではなく、他《ほか》の教科《きょうか》も伸《の》びた結果《けっか》なのは、言《い》うまでもないことです)

はたして、私《わたし》が教《おし》える生徒《せいと》は、なぜ1年《ねん》で何《なん》でも答《こた》えるようになるのか。答《こた》えは簡単《かんたん》です。ある出来事《できごと》が起《お》こったのはなぜか。その結果《けっか》どうなったのか。その流《なが》れがわかり、その背景《はいけい》が頭《あたま》に入《はい》ってくると、自然《しぜん》に暗記《あんき》が出来《でき》るのです。例《たと》えば、世界有数《せかいゆうすう》の巨大古墳《きょだいこふん》が日本《にほん》にある理由《りゆう》はなにか。聖徳太子《しょうとくたいし》が、遣隋使《けんずいし》を送《おく》ったのはなぜか。源頼朝《みなもとのよりとも》が、鎌倉《かまくら》に幕府《ばくふ》を作《つく》ったのはなぜか。江戸幕府《えどばくふ》は、なぜ鎖国《さこく》をしたのか。その「なぜ」と「流《なが》れ」がわかると、歴史《れきし》が面白《おもしろ》いように頭《あたま》に入《はい》ってくるのです。

もともと、歴史《れきし》とはたくさんの登場人物《とうじょうじんぶつ》が、その時々《ときどき》に何《なに》を考《かんが》え、どう動《うご》いたのかを追《お》う人間《にんげん》ドラマです。だから、ドラマの中《なか》の主人公《しゅじんこう》に自分《じぶん》をシンクロさせ、同《おな》じ時間《じかん》を共有《きょうゆう》すると、登場人物《とうじょうじんぶつ》の心情《しんじょう》が解《わか》り、出来事《できごと》を明確《めいかく》にイメージできるのです。しかし、今《いま》まで、日本《にほん》の歴史《れきし》を最初《さいしょ》から最後《さいご》まで、そのように一気《いっき》に理解《りかい》できる書物《しょもつ》はなかったのです。歴史《れきし》マンガにしても、教科書《きょうかしょ》や参考書《さんこうしょ》のように、事実《じじつ》を羅列《られつ》したものばかりです。

そこで、日本史《にほんし》の必然性《ひつぜんせい》や流《なが》れがわかり、面白《おもしろ》さもわかって覚《おぼ》えられるよう、私《わたし》の講義《こうぎ》のポリシーをマンガにし、講義《こうぎ》のテキストにも使《つか》えるよう、今回《こんかい》の「マンガ日本史《にほんし》」を製作《せいさく》したのです。脚本家《きゃくほんか》の南部英夫《なんぶひでお》氏《し》、漫画家《まんがか》の池原《いけはら》しげと氏《し》の協力《きょうりょく》を、心《こころ》より感謝申《かんしゃもう》し上《あ》げます。

まずは、マンガのストーリーを楽《たの》しんでください。日本史《にほんし》の全体像《ぜんたいぞう》がスッと抵抗《ていこう》なく入《はい》ってきます。また、受験《じゅけん》に向《む》かって学《まな》んでる方《かた》は、ストーリーを楽《たの》しみながら、脚注《きゃくちゅう》を一緒《いっしょ》に読《よ》んでください。暗記《あんき》ポイントや、面白《おもしろ》いゴロ暗記《あんき》も載《の》せています。これらを覚《おぼ》えておけば、それだけでも、十分入試《じゅうぶんにゅうし》に対応《たいおう》できるはずです。

みすず学苑《がくえん》　宮崎知典《みやざきとものり》

第一章《だいいっしょう》

小国家《しょうこっか》のなりたち、そして統一国家《とういつこっか》へ

その昔《むかし》――
地球《ちきゅう》がまだ
氷河期《ひょうがき》の終《おわ》り頃《ごろ》…
原始時代《げんしじだい》は技術革命《ぎじゅつかくめい》!

カサッ

 先土器時代　打製石器を使用する旧石器文化。日本の旧石器文化の存在は、1949年相沢忠洋による岩宿遺跡の発見で確認された。この頃は大陸と陸続きだったと考えられている。

氷河期の終り頃、海面が上昇して日本列島が出現した。その結果、マンモス、ナウマン象などの大型動物が減少したため、動きの速い小動物を捕獲する目的で、石鏃(せきぞく)をもつ弓矢が出現した。

ドサッ

ドスッ
やった——
さすが父《とう》ちゃんすげえ!!
これでしばらくは食《く》いっぱぐれがないな…
鹿《しか》の肉《にく》はうめえからな…
その頃《ころ》 狩《か》りのために使《つか》った道具《どうぐ》は 自然石《しぜんせき》を打《う》ち欠《か》いた打製石器《だせいせっき》だった
新《あたら》しく弓矢《ゆみや》も用《もち》いられるようになった
肉《にく》は体《からだ》があったまる…
んだ
木《き》の実《み》じゃこうはいかねェ…
近頃《ちかごろ》は暖《あたた》かい気《き》がするけど
ここのところさっぱりマンモスが捕《と》れないな
鹿《しか》がたよりだな…

「縄文文化」①　約１万年前から始まる磨製石器を使用する新石器文化で、縄文土器が広く使われ、人々は竪穴住居に住み、狩猟・漁撈(ぎょろう)を営む。

父《とう》ちゃん、また狩《か》りに行《い》こうね…
前《まえ》よりずいぶん暖《あたた》かくなってきたなァ
最近《さいきん》じゃあ土器《どき》も使《つか》い始《はじ》めたようだし…
いわゆる縄文《じょうもん》時代《じだい》の始《はじ》まりってやつさ
農耕《のうこう》は全国的《ぜんこくてき》には行《おこな》われていないが縄文《じょうもん》土器《どき》と磨製《ませい》石器《せっき》を持《も》つという特色《とくしょく》ある文化《ぶんか》だ
我輩《わがはい》は何者《なにもの》かって?
エヘン
八咫烏《ヤタガラス》である我輩《わがはい》は場所《ばしょ》も時間《じかん》も超《こ》えてどこへでも自由《じゆう》に行《い》けるんだ
バサ
バサ
だからこれから人間《にんげん》の営《いとな》みを面白《おもしろ》おかしくコメントすることにしよう…
なにしろ我輩《わがはい》は超能力《ちょうのうりょく》だからな…

「縄文文化」② 黒曜石で作った石鏃が広い地域で使用された。黒曜石は産地が限定されることから、これは縄文時代に交易が行われた証拠といわれる。

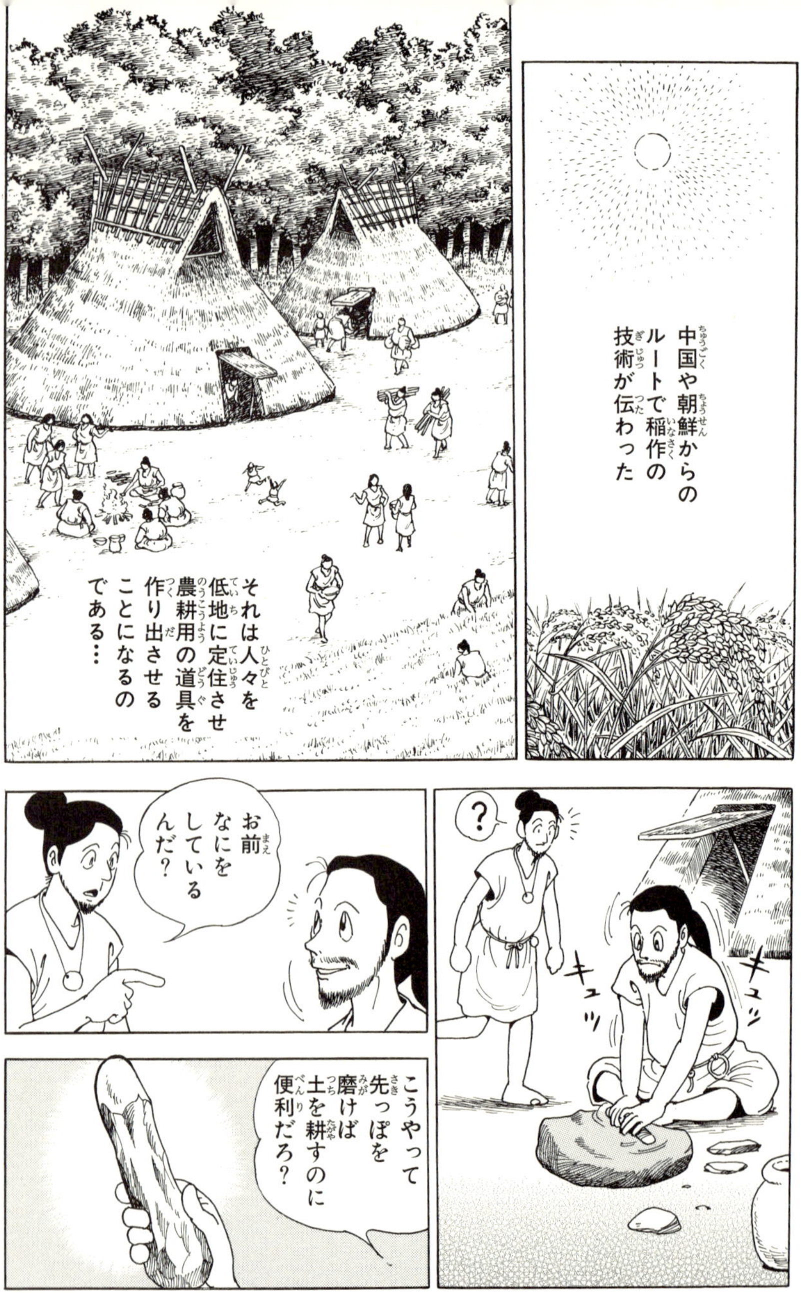
中国《ちゅうごく》や朝鮮《ちょうせん》からのルートで稲作《いなさく》の技術《ぎじゅつ》が伝《つた》わった
それは人々《ひとびと》を低地《ていち》に定住《ていじゅう》させ農耕用《のうこうよう》の道具《どうぐ》を作《つく》り出《だ》させることになるのである…
？
キュッ
キュッ
お前《まえ》なにをしているんだ？
こうやって先《さき》っぽを磨《みが》けば土《つち》を耕《たがや》すのに便利《べんり》だろ？

こうやって棒《ぼう》にしばればもっと便利《べんり》ってもんだ…
これも見《み》てくれ 今《いま》までのとは違《ちが》うだろ
たしかに前《まえ》のとは硬《かた》さも違《ちが》うし色《いろ》も違《ちが》うな それに口《くち》を細《ほそ》くしたんだな
これならとれた米《こめ》や麦《むぎ》を貯《た》めることができるんじゃないか
ああ 貯蔵《ちょぞう》ができればもう腹《はら》をすかせることもないぞ
ようし みんなに教《おし》えてたくさん作《つく》って豊《ゆた》かになろう!!
人々《ひとびと》は豊《ゆた》かになったが農耕作業《のうこうさぎょう》のためにグループが形成《けいせい》されてゆくのである
そのうちに土地拡張《とちかくちょう》などをめぐって近隣《きんりん》のグループと争《あらそ》うようになった
わーーーっ

「弥生文化」① 紀元前3世紀頃〜後3世紀頃。北九州から始まり、金属器(青銅器・鉄器)と弥生土器を使用。水稲耕作が始まる。

殺《ころ》すなよ!!
目的《もくてき》は奴《やつ》らの耕地《こうち》を奪《うば》うことと奴隷《どれい》にすることだ!!
命《いのち》までは取《と》るな!!

「弥生文化」② 見張り台や環濠などの防衛的機能を備えた環濠集落が多く見つかっている。また、日常生活には適さない山頂や丘陵上にも高地性集落がつくられた。弥生時代の後半が激しい戦闘の時代だったことは、佐賀県吉野ケ里(よしのがり)遺跡の発掘の結果からも裏づけられた。

いいか
合図《あいず》でつっこめ
この武器《ぶき》をふりかざせば
奴《やつ》らはおじけづく
全員《ぜんいん》生《い》け捕《ど》りだ!!
俺《おれ》たちの土地《とち》は三倍《さんばい》にふえるぞ!!
そして奴《やつ》らをこき使《つか》え!!
よし
行《い》け!!
中国《ちゅうごく》でいえば 銅剣《どうけん》
銅鉾《どうほこ》 銅戈《どうか》のたぐいは
全《すべ》て武器《ぶき》だった
しかし日本《にほん》に伝《つた》わった頃《ころ》
日本《にほん》には戦争《せんそう》がなかった
ため祭祀《さいし》用《よう》の道具《どうぐ》に
用《もち》いられた
その後《ご》日本《にほん》でも戦争《せんそう》が
おこり軍事《ぐんじ》用《よう》にも
使《つか》われるようになる

こうして数人《すうにん》のグループが数十人《すうじゅうにん》となり やがて数百人《すうひゃくにん》となって今日《こんにち》でいう村程度《むらていど》の小国家《しょうこっか》(クニ)があちこちにできた……
オッホン!! わしがこれから みんなをたばねることになる王《おう》と呼《よ》んでくれィ
我々《われわれ》は安閑《あんかん》とはしていられないぞ!! 聞《き》くところでは隣《となり》のクニは人《ひと》の数《かず》も土地《とち》の広《ひろ》さもこちらの倍《ばい》だ!!
いつ攻《せ》めこまれるやもしれない
大切《たいせつ》なのは力《ちから》を蓄《たくわ》えることだ!!

「小国の分立」「漢書」には、前1世紀頃百余国に分かれ、楽浪郡(らくろうぐん)へ入貢した記録がある。また、「後漢書」には、57年、倭の奴国(なこく)王、光武帝より印綬(いんじゅ)を受くとある。

★倭の朝鮮出兵　391年　高句麗に　作為(さくい)があった　朝鮮出兵

そして攻《せ》められる前《まえ》に反対《はんたい》に　こちらが相手《あいて》をやっつけるのだ!!
みんな!!　気合《きあい》を入《い》れよう!!
長《なが》い時間《じかん》をかけて戦《たたか》いが繰《く》り返《かえ》され　徐々《じょじょ》に国《くに》の規模《きぼ》が大《おお》きくなってゆく　その中《なか》から邪馬台国女王《やまたいこくじょおう》卑弥呼《ひみこ》のように
比較的広《ひかくてきひろ》い地域《ちいき》を支配《しはい》する王《おう》も登場《とうじょう》するように　なり　ついに統一《とういつ》国家《こっか》が生《う》まれた

「邪馬台国の出現」　3世紀。「魏志倭人伝」に、女王卑弥呼、魏の皇帝に遣使、親魏倭王の称号を受けるという記述がある。邪馬台国の位置は、畿内説と九州説があり確定されていない。

★倭王武の上表文　478年　余の名は(よのなは)武なり　倭の五王

それを*ヤマト政権《せいけん》という
紀元《きげん》後《ご》四世紀《よんせいき》の頃《ころ》と考《かんが》えられる
(はじめの統一国家《とういつこっか》の所在地《しょざいち》が大和《やまと》＝奈良地方《ならちほう》と立証《りっしょう》されていないのであえてヤマトと表記《ひょうき》する)
やがて政治《せいじ》の中心《ちゅうしん》は大和地方《やまとちほう》となる——
そちたち豪族《ごうぞく》と人民《じんみん》たちの区別《くべつ》を明確《めいかく》にするために…
氏姓《うじかばね》という制度《せいど》を設《もう》けることにした
氏姓《うじかばね》？耳《みみ》なれない言葉《ことば》だ
氏《うじ》とは一族《いちぞく》の名前《なまえ》だ

＊4世紀半ば頃統一。「宋書」の倭王武の上表文等から大王中心の連合政権の確立が知られる。支配形態としては氏姓制度がとられ、4世紀後半より朝鮮半島を侵略。4世紀末に高句麗と交戦した。(好太王碑文)

★任那の4県百済に割譲　512年　金村が故意に(こいに)譲った　任那の4県

★磐井の乱　527年　磐井の乱　百済の救済　いつにな(いつにな)る

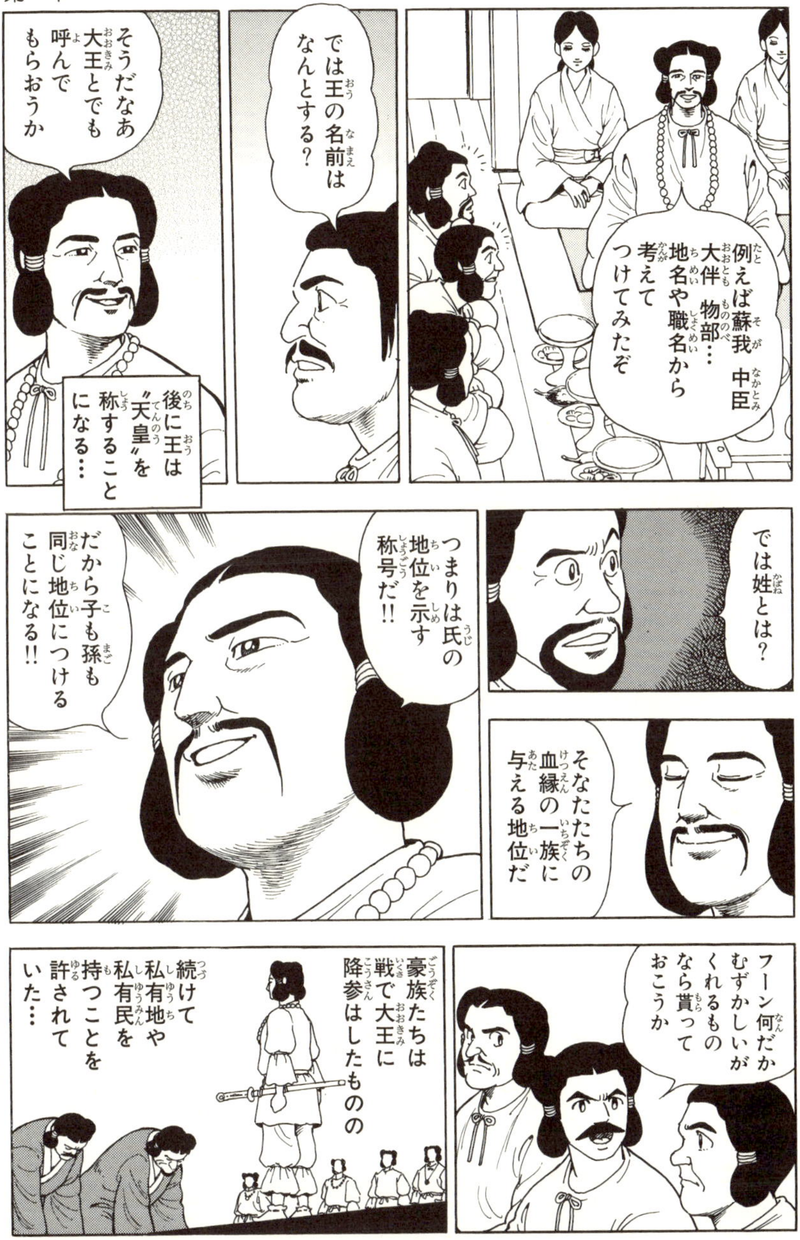
例《たと》えば蘇我《そが》 中臣《なかとみ》 大伴《おおとも》 物部《もののべ》… 地名《ちめい》や職名《しょくめい》から 考《かん》えて つけてみたぞ
では王《おう》の名前《なまえ》は なんとする？
そうだなあ 大王《おおきみ》とでも 呼《よ》んで もらおうか
後《のち》に王《おう》は 〝天皇《てんのう》〟を 称《しょう》すること になる…
では姓《かばね》とは？
そなたたちの 血縁《けつえん》の一族《いちぞく》に 与《あた》える地位《ちい》だ
つまりは氏《うじ》の 地位《ちい》を示《しめ》す 称号《しょうごう》だ!!
だから子《こ》も孫《まご》も 同《おな》じ地位《ちい》につける ことになる!!
フーン何《なん》だか むずかしいが くれるもの なら貰《もら》って おこうか
豪族《ごうぞく》たちは 戦《いくさ》で大王《おおきみ》に 降参《こうさん》はしたものの
続《つづ》けて 私有地《しゆうち》や 私有民《しゆうみん》を 持《も》つことを 許《ゆる》されて いた…

★仏教公伝　538年　仏教公伝　ご参拝(ごさんぱい)

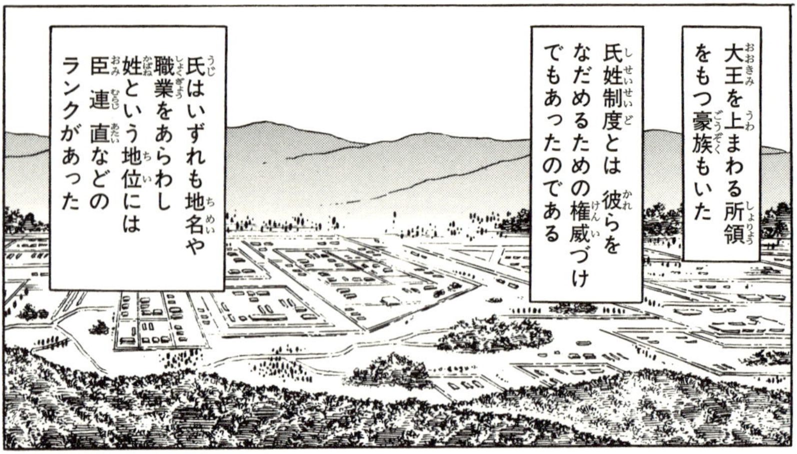

大王《おおきみ》を上《うわ》まわる所領《しょりょう》をもつ豪族《ごうぞく》もいた
氏姓制度《しせいせいど》とは 彼《かれ》らをなだめるための権威《けんい》づけでもあったのである
氏《うじ》はいずれも地名《ちめい》や職業《しょくぎょう》をあらわし姓《かばね》という地位《ちい》には臣《おみ》 連《むらじ》 直《あたい》などのランクがあった

豪族《ごうぞく》(氏《うじ》)らの連合政権《れんごうせいけん》として運営《うんえい》されてきたヤマト政権《せいけん》は一時《いちじ》朝鮮《ちょうせん》に出兵《しゅっぺい》し豊《ゆた》かな富《とみ》を得《え》て巨大《きょだい》な古墳《こふん》(天皇《てんのう》の墓《はか》)を築造《ちくぞう》するなど力《ちから》をつけていたが
大伴氏《おおともし》と物部氏《もののべし》の抗争《こうそう》物部氏《もののべし》と蘇我氏《そがし》の対立《たいりつ》など権力争《けんりょくあらそ》いもおきていた

それらの抗争《こうそう》を通《つう》じて 蘇我氏《そが し》が天皇家《てんのうけ》に匹敵《ひってき》するまでの存在《そんざい》となっていた
そんなおり…

「古墳文化前期」　前方後円墳(竪穴式石室)、鏡・剣・玉を副葬。円筒埴輪(はにわ)を配置。
「古墳文化中期」　巨大な前方後円墳。武具や馬具を副葬。形象埴輪(はにわ)を配置。

★聖徳太子 摂政就任 593年 聖徳は 国民(こくみ)のため 摂政就任

五九三年《ねん》
女帝推古天皇《じょていすいこてんのう》によって摂政《せっしょう》に任《にん》じられた甥《おい》の厩戸皇子《うまやどのおうじ》はかねてから聡明《そうめい》を噂《うわさ》され のちに聖徳太子《しょうとくたいし》と呼《よ》ばれた
聖徳太子《しょうとくたいし》登場《とうじょう》
…天皇家《てんのうけ》を救《すく》う
父上《ちちうえ》 太子《たいし》が どのような政治《せいじ》を 行《おこな》うのか まったく腹《はら》が 読《よ》めません…
まさか我々《われわれ》 蘇我一族《そがいちぞく》を 敵視《てきし》するような ことを…
蘇我蝦夷《そがのえみし》
案《あん》ずるには 及《およ》ぶまいよ
身内《みうち》のようなものだ 何人《なんにん》もの 蘇我《そが》の娘《むすめ》たちを あちらへ嫁《とつ》がせて いるではないか
蘇我馬子《そがのうまこ》

 「古墳文化後期」 円墳の群集墳。横穴式石室。武具や須恵器を副葬。

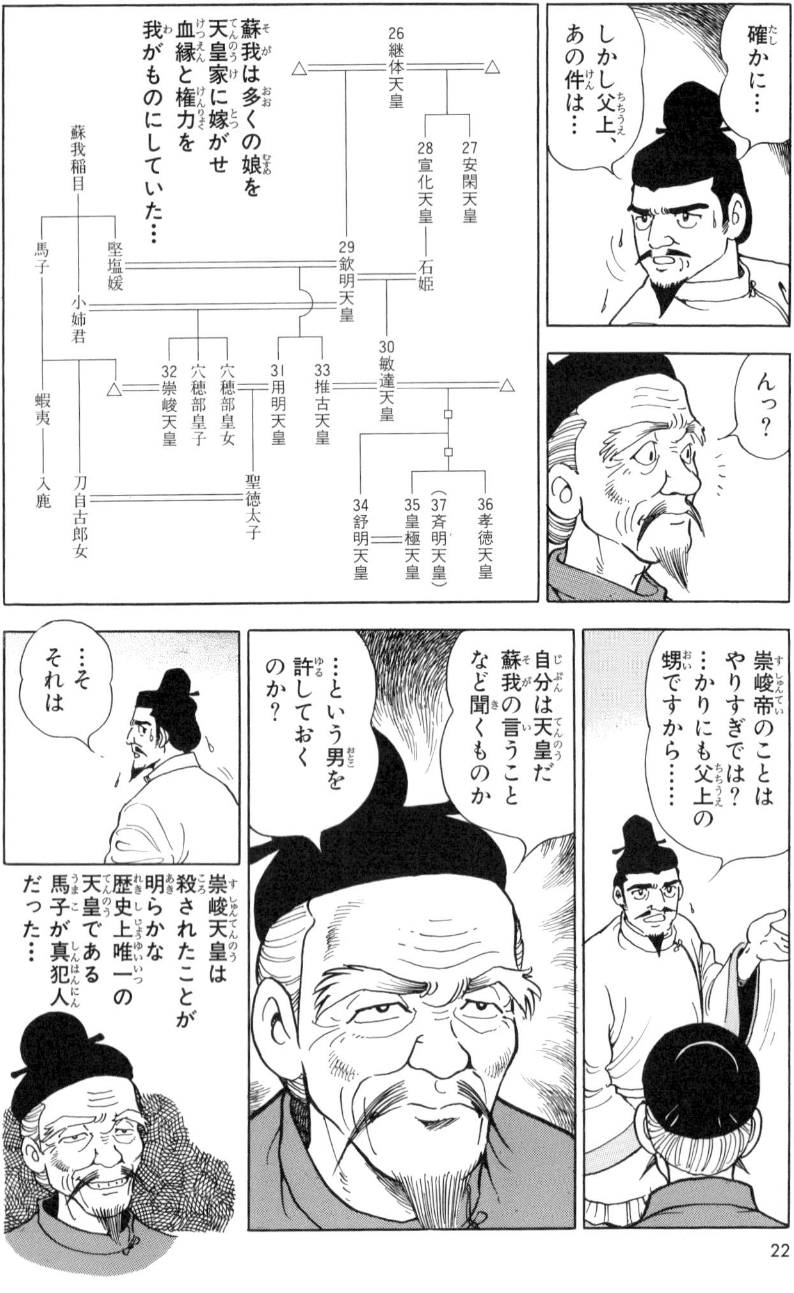

確《たし》かに…
しかし父上《ちちうえ》、あの件《けん》は…
んっ？
蘇《そ》我《が》は多《おお》くの娘《むすめ》を天皇家《てんのうけ》に嫁《とつ》がせ血縁《けつえん》と権力《けんりょく》を我《わ》がものにしていた…
26 継体天皇
27 安閑天皇
28 宣化天皇
石姫
29 欽明天皇
30 敏達天皇
33 推古天皇
31 用明天皇
穴穂部皇女
穴穂部皇子
32 崇峻天皇
聖徳太子
36 孝徳天皇
（37 斉明天皇）
35 皇極天皇
34 舒明天皇
蘇我稲目
堅塩媛
小姉君
馬子
蝦夷
入鹿
刀自古郎女
崇峻帝《すしゅんてい》のことはやりすぎでは？
…かりにも父上《ちちうえ》の甥《おい》ですから……
自分《じぶん》は天皇《てんのう》だ蘇《そ》我《が》の言《い》うことなど聞《き》くものか
…という男《おとこ》を許《ゆる》しておくのか？
…そ それは
崇峻天皇《すしゅんてんのう》は殺《ころ》されたことが明《あき》らかな歴史上唯一《れきしじょうゆいいつ》の天皇《てんのう》である馬子《うまこ》が真犯人《しんはんにん》だった…

★冠位十二階 603年 冠位付け 禄をさ(ろくをさ)ずける 十二階

憲《けん》法《ぽう》十《じゅう》七《しち》条《じょう》と冠《かん》位《い》十《じゅう》二《に》階《かい》
この身《み》がいかにその血筋《ちすじ》をひくとはいえ蘇《そ》我《が》の専横《せんおう》を野《の》ばなしにしてよいのだろうか…
大事《だいじ》なのは天皇《てんのう》の権威《けんい》を高《たか》めることだ…
天皇中心《てんのうちゅうしん》の国《くに》を造《つく》ることだ…やらねばならぬことは沢山《たくさん》ある
まず国《くに》の定《さだ》めの憲法《けんぽう》
そして宮廷内《きゅうていない》の臣《しん》たちの冠位《かんい》の制定《せいてい》
わが国《くに》の力《ちから》を示《しめ》すために隋《ずい》(中国《ちゅうごく》)へも使《つか》いを出《だ》したい…
さらに大寺《だいじ》を建立《こんりゅう》して民《たみ》の中《なか》へ仏教《ぶっきょう》を広《ひろ》めたい

「聖徳太子」① 当時の天皇家は蘇我氏との強い血縁関係により縛られていたが、推古天皇の摂政となった聖徳太子は直接対決をさけつつ、蘇我氏の専横を抑えるために尽力し、天皇権威の確立に努めた。

蘇《そ》我《が》を無《む》視《し》して
このようなことが
可《か》能《のう》だろうか?
聖《しょう》徳《とく》太《たい》子《し》は
理《り》想《そう》主《しゅ》義《ぎ》者《しゃ》で
あった……だが
蘇《そ》我《が》氏《し》と妥《だ》協《きょう》
する道《みち》を選《えら》んだ
憲《けん》法《ぽう》第《だい》一《いち》条《じょう》
和《わ》を以《もっ》て貴《とうと》し
と為《な》す…ですか?
ほほう
和《わ》の心《こころ》で上《じょう》下《げ》の秩《ちつ》序《じょ》を
作《つく》ろうという
お考《かんが》えですか…
結《けっ》構《こう》ですなァ

「聖徳太子」② 聖徳太子は、人材登用と門閥打破のため冠位十二階を定め、憲法十七条を発して、政治の理想と官吏の心得を示した。また、遣隋使を派遣して対等外交に努め、大陸文化を摂取した。

★憲法十七条制定 604年 労惜し(ろうおし)むなと 十七条

第二条《だいにじょう》 篤《あつ》く三宝《さんぼう》を敬《うやま》え 三宝《さんぼう》とは仏《ほとけ》・法《のり》・僧《ほうし》なり…
…なるほど 仏教《ぶっきょう》を広《ひろ》めようと…
馬子《うまこ》 そちの考《かんが》えも言《い》ってくれ
いやあ これ以上《いじょう》立派《りっぱ》なことは…
太子《たいし》は馬子《うまこ》の意見《いけん》を全《すべ》て受《う》け入《い》れた
冠位十二階《かんいじゅうにかい》…か
とすると 我々《われわれ》の身分《みぶん》は十二《じゅうに》に分《わ》かれる というのか?
力《ちから》がありさえすればどんどん上《うえ》へ出世《しゅっせ》できるらしい これまでの氏姓制《しせいせい》は身分《みぶん》が固定《こてい》されて下《した》っぱはいつ迄《まで》も下《した》っぱだったからな
歓迎《かんげい》すべきだよ

しかし蘇我氏《そがし》だけはその限《かぎ》りにあらずとは不公平《ふこうへい》もいいとこだなァ
しょうがないんじゃない…
…目的《もくてき》のためなら
多少《たしょう》の妥協《だきょう》も…
さて隋《ずい》へ向《む》かわせた小野妹子《おののいもこ》はいかがなものか…？
隋《ずい》の都《みやこ》——

★遣隋使派遣　607年　遣隋使怒る煬帝　無礼な(ぶれいな)り

ブ無礼《ぶれい》な!!
日出《ひい》づる処《ところ》の天子《てんし》書《しょ》を日没《ひぼっ》する処《ところ》の天子《てんし》にいたすだと!!
ははーーっ
これでいいのだ…太子《たいし》の狙《ねら》いは国内《こくない》に天皇《てんのう》の権威《けんい》を示《しめ》せればよいのだから…
ニヤリ
小野妹子《おののいもこ》
たとえ隋《ずい》をおこらせても対等外交《たいとうがいこう》をやってると示《しめ》せれば…

そして聖徳太子《しょうとくたいし》は法隆寺《ほうりゅうじ》(奈良《なら》)や四天王寺《してんのうじ》(大阪《おおさか》)などの大寺《だいじ》も建設《けんせつ》し仏教《ぶっきょう》を広《ひろ》めることにも力《ちから》をそそいだ
よくやったよ太子《たいし》は…でも蘇我氏《そがし》には逆《さか》らえなかったんだよな…

あれを見《み》て ごらん 大豪邸《だいごうてい》だなァ 天皇《てんのう》の住《すま》いも カタなしさ
馬子《うまこ》が死《し》んだ後《あと》も 息子《むすこ》の蝦夷《えみし》や孫《まご》の 入鹿《いるか》がヤリ手《て》で 蘇我氏《そがし》は繁栄《はんえい》 したんだ…
蘇我入鹿《そがのいるか》暗殺事件《あんさつじけん》
…大化《たいか》の改新《かいしん》
見《み》てみろ 蘇我入鹿《そがのいるか》の 屋敷《やしき》が都《みやこ》を 見《み》おろして いる…
奴《やつ》ら 住《すま》いを〝みかど〟と 言《い》い 子《こ》らを 〝みこ〟と呼《よ》ぶ らしい…
まるで 天皇家《てんのうけ》 きどりだ
中大兄皇子《なかのおおえのおうじ》
耳《みみ》にして おります
このまま 放《ほう》っておけば…
中臣鎌足《なかとみのかまたり》

★第一回遣唐使　630年　遣唐使　危険な航海　殺され(ころされ)る

★白村江の戦い　663年　無論さん（むろんさん）ざん　白村江

入鹿《いるか》は暗殺《あんさつ》され
父蝦夷《ちちえみし》は家《いえ》に火《ひ》を放《はな》って自死《じし》した
皇子《みこ》かくなる上《うえ》は国《くに》のつくりを根本《こんぽん》から改《あらた》めましょう!!
うむ　して　その手《て》だては？
遣隋使《けんずいし》の留学生《りゅうがくせい》たちから聞《き》いた通《とお》り
豪族《ごうぞく》たちが各々《おのおの》に土地《とち》を持《も》っているのが混乱《こんらん》のもとです

「大化の改新」　中大兄皇子、中臣鎌足らが蘇我蝦夷、入鹿を滅ぼす。孝徳天皇を立て新政府を樹立。改新の詔（みことのり）を発し、公地公民制・国郡里制、班田収授、新しい税制などの改新政治の基本方針を示す。

「公地公民《こうちこうみん》」の詔《みことのり》を出《だ》し
彼《かれ》らの土地《とち》を国《くに》のもの
天皇《てんのう》のものにする
のです!!
土地《とち》を吐《は》き
出《だ》させると
いうのか!!
そうです
そしてもう一《ひと》つ
「班田収授法《はんでんしゅうじゅのほう》」
です!!
これは人民《じんみん》に
六歳《ろくさい》になったら
口分田《くぶんでん》を与《あた》え
死《し》んだら国《くに》に
返《かえ》させるのです
これなら
豪族《ごうぞく》が力《ちから》を
つけることは
ありません
おお!!
それはいい
でもそううまくは
いかなかったん
だよね…
豪族《ごうぞく》たちの
反対《はんたい》があって
遅々《ちち》として
実現《じつげん》しなかった
んだよね
中大兄皇子《なかのおおえのおうじ》は
後《のち》に天智天皇《てんぢてんのう》と
なるんだけど
結局《けっきょく》は生《い》きて
いるうちには
実現《じつげん》できな
かったんだ
だけど…

★庚午年籍　670年　ろくな例(ろくなれい)なし　庚午年籍

「天智天皇」「大化の改新」を実行した中大兄皇子は、663年に白村江の戦いに負けると、667年に近江大津宮に遷都し、翌年天智天皇として即位した。近江令制定、庚午年籍の作成など、律令制度の基礎を作った。

壬申《じんしん》の乱《らん》から中央《ちゅうおう》集権《しゅうけん》体制《たいせい》へ

★壬申の乱 672年 無難に(ぶなんに)乗り切る 壬申の乱

天智天皇《てんぢてんのう》の死後《しご》皇位継承《こういけいしょう》をめぐって天皇家内部《てんのうけないぶ》で二《ふた》つの勢力《せいりょく》が激突《げきとつ》した壬申《じんしん》の乱《らん》である(六七二年《ねん》)
大海人皇子《おおあまのおうじ》(天智《てんぢ》の弟《おとうと》)軍《ぐん》と大友皇子《おおとものおうじ》(天智《てんぢ》の長男《ちょうなん》)軍《ぐん》が争《あらそ》った古代最大《こだいさいだい》の戦《たたか》いである

「律令政治の確立」　壬申の乱を経て、天武・持統朝に律令政治体制は整備され、701年には大宝律令が発せられた。710年に平城京に遷都。8世紀前半聖武天皇の天平時代は全盛期を迎え、遣唐使を通じて、盛唐文化を摂取。

大海人皇子《おおあまのおうじ》が勝《か》ち大友皇子《おおとものおうじ》についた大《おお》きな豪族《ごうぞく》たちが滅《ほろ》び去《さ》りその所有地《しょゆうち》は天皇《てんのう》のもとへ集《あつ》まって
中央集権体制《ちゅうおうしゅうけんたいせい》がほぼ完成《かんせい》する
ここだ ここだ
へーえ ここがオイラの田《た》んぼか…
よかったね お前《まえ》もお国《くに》から田《た》んぼをもらえる六《むっ》つまで丈夫《じょうぶ》に育《そだ》って…
死《し》んだら土地《とち》は返《かえ》さなくちゃならないが それ迄《まで》は
なんとか食《く》っていけるってもんだ…

★飛鳥浄御原令の施行　689年　飛鳥から　無役(むやく)の人も　役人に

「天武天皇」　大海人皇子は、飛鳥浄御原宮(あすかのきよみはらのみや)で即位し、左右大臣を置かない皇親政治で自らの権威を高め、八色の姓(やくさのかばね)などで豪族身分の再編成を行った。

★大宝律令制定　701年　大宝律令　中身は無くても　名は一番（なわいちばん）

長《なが》くかかった
もんだ…
天武天皇《てんむてんのう》の後《あと》
持統天皇《じとうてんのう》　文武天皇《もんむてんのう》と
天皇中心《てんのうちゅうしん》の政治《せいじ》（皇親政治《こうしんせいじ》）
が続《つづ》き　その時《とき》決められた
大宝律令《たいほうりつりょう》（七〇一年《ねん》）によって
口分田《くぶんでん》の制度《せいど》がようやく
実現《じつげん》したのさ
天皇《てんのう》が思《おも》い通《どお》りに
政治《せいじ》を動《うご》かせた
のもしばらくの
間《あいだ》だけで…
バサ
バサ
でもその前後《ぜんご》から
めきめきと力《ちから》を
のばしてきた奴《やつ》が
いた…
それが鎌足《かまたり》の子《こ》
藤原不比等《ふじわらのふひと》だ
壬申《じんしん》の乱《らん》で唯一《ゆいいつ》生《い》きのこった
大豪族藤原氏《だいごうぞくふじわらし》と妥協《だきょう》を
はからなくてはいけなくなった
大宝律令《たいほうりつりょう》にはその要素《ようそ》も
含《ふく》まれていたんだ

「持統天皇」　諡号（しごう）の通り、天武天皇から次代の文武天皇につなぐ（血統を維持する）ために即位した天皇。唐の都を模した大和三山に囲まれる藤原京を造営した。

藤《ふじ》原《わらの》不《ふ》比《ひ》等《と》の野《や》望《ぼう》
ポリッ
ほう これは美味《うま》い 筍《たけのこ》だ
裏《うら》の山《やま》の竹林《ちくりん》で採《と》れました…
しかしわしは幸《しあわ》せ者《もの》だよ この季節《きせつ》になるとつくづくそう思《おも》う…
と、おおされますと?
なに…わが藤原《ふじわら》の家《いえ》が先《さき》の戦《いくさ》にも傷《きず》つかずこうして隆盛《りゅうせい》をほこっていることよ
あの戦《いくさ》は春先《はるさき》に始《はじ》まったものだった

大宝律令　刑部親王や藤原不比等により701年に完成したが現存しない。718年制定の養老律令は現存し、内容は大宝律令と大差ないといわれているので、大宝律令の内容を知ることができる。

★平城京遷都　710年　南都(なんと)の都は　平城京

またあなたの オ・ハ・コの思《おも》い出話《でばなし》ですか?
ハハハそう言《い》うな あの頃《ころ》わしはまだ十二歳《じゅうにさい》の子《こ》どもだった 亡《な》き父鎌足《ちちかまたり》のお立場《たちば》を思《おも》えば 大海人《おおあま》・大友《おおとも》のどちらかに与《くみ》せねば ならなかった
それなのに幼《おさな》い わしは判断《はんだん》がつかず 中立《ちゅうりつ》を守《まも》った…
決《けっ》してわが身《み》の行《ゆ》く末《すえ》を考《かんが》えてのことだけでは なかったのだが…
人《ひと》の定《さだ》めとは 皮肉《ひにく》だのう…
ワイ ワイ
おや 子《こ》どもらが騒《さわ》がしいな?
武智麻呂《むちまろ》が 弟《おとうと》たちや一族《いちぞく》の 子《こ》たちに今度《こんど》の 大宝律令《たいほうりつりょう》を教《おし》えて やっているみたい ですわ…
官位相当《かんいそうとう》の制《せい》 言《い》ってみろ!!

「平城京」　唐の都長安を模した都で、北部中央に大内裏があり、京内は条坊制の区画がなされていた。現在、多数発見される木簡によって、史書に記されていない歴史的事実を知ることができる。

カンイソウトウノセイ!!
これはだな どういうことかと言《い》うと…
官《かん》とは仕事《しごと》の内容《ないよう》 位《い》とは身分《みぶん》 つまり官《かん》と位《い》は対応《たいおう》するわけだ
難《むずか》しい仕事《しごと》をやれる能力《のうりょく》がある人《ひと》は身分《みぶん》も高《たか》くなる!!
次《つぎ》 これは父上《ちちうえ》が貴族《きぞく》のために設《もう》けられたものだが
蔭位《おんい》の制《せい》!! 言《い》ってみろ!!
オンイノセイ!!
祖《そ》父《ふ》 父《ちち》の位《くらい》に応《おう》じて その子《こ》や孫《まご》もそれ相当《そうとう》の位《くらい》がもらえるというわけだ
つまり 親《おや》の七光《ななひかり》ではないが われら一族《いちぞく》の子どもらは 初《はじ》めは低《ひく》い地位《ちい》から 始《はじ》めるにしても ゆくゆくは父《ふ》祖《そ》の地位《ちい》を 世襲《せしゅう》できるのさ
ウヘェー ラッキー !!

★日本書紀編纂 720年 何を(なにを)おいても 日本書紀

★三世一身法 723年 私有はうそだぞ「何、三世(なにさんぜ)」

★長屋王の変　729年　長屋王　何苦（なにく）労なく　倒された

★国分寺建立の詔　741年　国分寺　質よい（しつよい）寺を　全国に

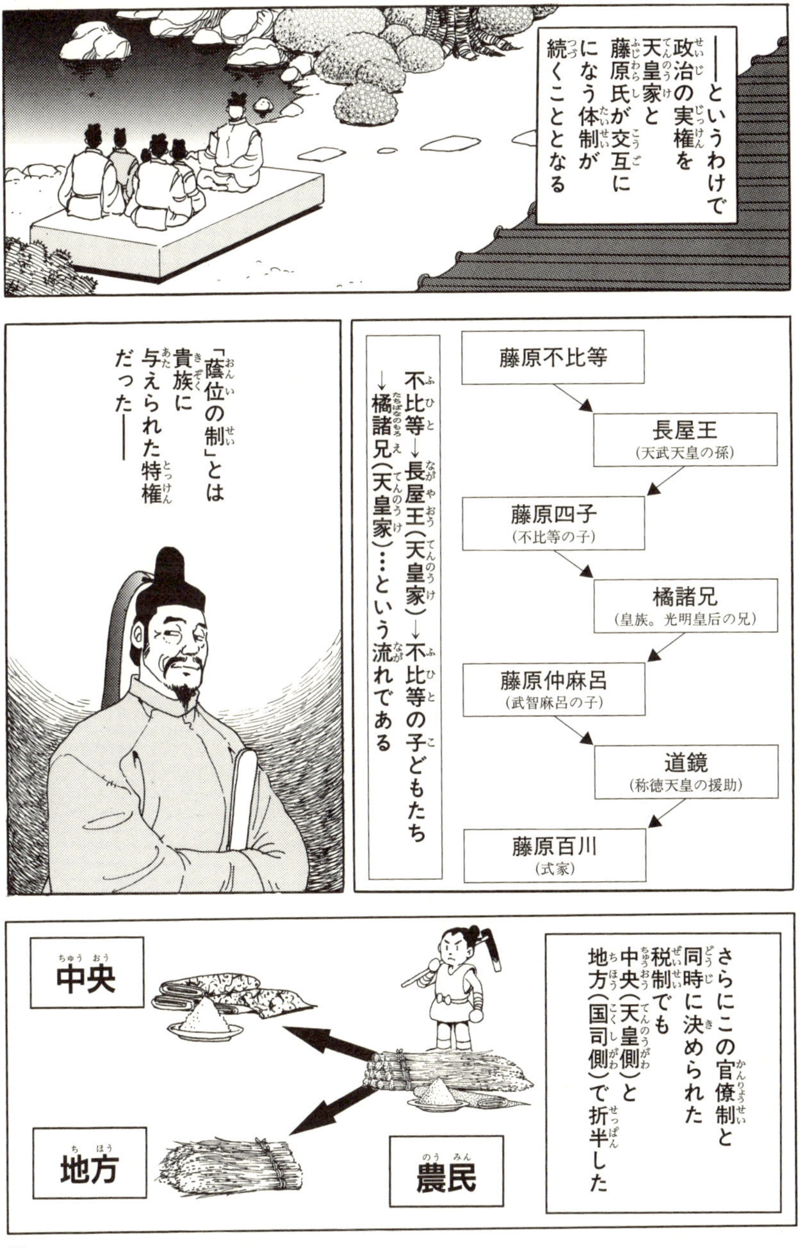

——というわけで
政治《せいじ》の実権《じっけん》を
天皇家《てんのうけ》と
藤原氏《ふじわらし》が交互《こうご》に
になう体制《たいせい》が
続《つづ》くこととなる
藤原不比等
長屋王（天武天皇の孫）
藤原四子（不比等の子）
橘諸兄（皇族。光明皇后の兄）
藤原仲麻呂（武智麻呂の子）
道鏡（称徳天皇の援助）
藤原百川（式家）
不比等《ふひと》→長屋王《ながやおう》（天皇家《てんのうけ》）→不比等《ふひと》の子《こ》どもたち
→橘諸兄《たちばなのもろえ》（天皇家《てんのうけ》）…という流《なが》れである
「蔭位《おんい》の制《せい》」とは
貴族《きぞく》に
与《あた》えられた特権《とっけん》
だった——
さらにこの官僚制《かんりょうせい》と
同時《どうじ》に決《き》められた
税制《ぜいせい》でも
中央《ちゅうおう》（天皇側《てんのうがわ》）と
地方《ちほう》（国司側《こくしがわ》）で折半《せっぱん》した
中央《ちゅうおう》
地方《ちほう》
農民《のうみん》

★墾田永年私財法　743年　なじみ(なじみ)の墾田　私財法
★大仏造立の詔　743年　るしゃなぶつ　なじみ(なじみ)の顔の大仏さん

また初《はじ》めは順調《じゅんちょう》に
運《はこ》んだ「口分田《くぶんでん》の制《せい》」も
次第《しだい》にほころびを生《う》み
税収《ぜいしゅう》が減少《げんしょう》し始《はじ》めた
これではならじと朝廷《ちょうてい》は
七二三年《ねん》に「三世一身法《さんぜいっしんのほう》」
（期限付《きげんつ》きで
土地所有《とちしょゆう》を認《みと》める）
七四三年《ねん》に「墾田永年私財法《こんでんえいねんしざいほう》」
（無期限《むきげん》で土地私有《とちしゆう》を認《みと》める）
を定《さだ》めることとなる

それらはやがて
“荘園《しょうえん》”（貴族《きぞく》の大土地《だいとち》
所有《しょゆう》）を発生《はっせい》
させてゆく

★大仏開眼供養　752年　おなごに(おなごに)あらず　大仏は

第二章《だいにしょう》　摂関政治《せっかんせいじ》と武士《ぶし》の台頭《たいとう》

★長岡京遷都　784年　長岡京　名は知(なはし)られずに　平安京へ

―七九四年《ねん》―
桓武《かんむ》天皇《てんのう》によって
十年《じゅうねん》たらずで長岡京《ながおかきょう》から
この新《あたら》しい都《みやこ》に遷《うつ》ることとなり、
その工事《こうじ》が始《はじ》まった―
フー疲《つか》れた
一服《いっぷく》しようぜ
そうだな
よっこら
しょ…
全《まった》く
傍迷惑《はためいわく》も
いいとこだ
こんなだだっ
ぴろいとこに
都《みやこ》なんて…
モッコかつぎも
税金《ぜいきん》の一《ひと》つと
いうから仕方《しかた》
あるめえ…
やべぇ!!
役人《やくにん》だ!!
こらーっ
さぼるんじゃ
ない!!
ピシャァ
ガラガラガラ

ドシャアーン
ザー
ザー
サー
ひゃあ!!
ピカッ
祟《たた》りだ…
長岡京《ながおかきょう》に都《みやこ》を遷《うつ》してから ここ数年《すうねんわる》悪いことばかりだ…
洪水《こうずい》・飢饉《ききん》・疫病《えきびょう》 天変地異《てんぺんちい》があいついだ 長岡京《ながおかきょう》は呪《のろ》われている
桓武天皇《かんむてんのう》
ともかくも 一刻《いっこく》も早《はや》く 平安京《へいあんきょう》を築《きず》き 人心《じんしん》を安定《あんてい》させねば!!
私《わたし》は成《な》し とげてみせる!!

★平安京遷都 794年 鳴くよ(なくよ)ウグイス 平安京

「桓武天皇の政治」① 藤原氏や仏教勢力の影響が強い平城京から長岡京に遷都した。長岡京遷都では、造営使の藤原種継が暗殺されるなど不祥事が続いたため、未完成のまま平安京に遷された。

実《じつ》は遷都《せんと》してすぐに引《ひ》っ越《こ》しを言《い》いだした桓武天皇《かんむてんのう》に藤原氏《ふじわらし》は反対《はんたい》だった
どうしても引《ひ》っ越《こ》すなら平城京《へいじょうきょう》に戻《もど》るべきだと…
でも桓武《かんむ》は平安京移転《へいあんきょういてん》を強行《きょうこう》したその理由《りゆう》は平城京《へいじょうきょう》は藤原氏《ふじわらし》の本拠地《ほんきょち》だったからだ
桓武天皇《かんむてんのう》は天皇家《てんのうけ》を強化《きょうか》しようとヤル気《き》マンマンでいろんなことをやり始《はじ》めたのさ
東北地方《とうほくちほう》の海岸《かいがん》

おい、なんだ？
あいつらの
面構《つらがま》えは…
俺《おれ》たちとは違《ちが》う
人間《にんげん》だな
フーン
あれが蝦夷《えみし》
という連中《れんちゅう》
か…
強《つよ》そうだ
オレやめる
帰《かえ》る!!
ちょっと
早《はや》まる
なよ
あれを
見《み》ろ!!
毛皮《けがわ》をさし出《だ》して
ひざまずいている
明《あき》らかに降伏《こうふく》の
しるしじゃ
ないのか？

権力《けんりょく》とは土地《とち》をどれだけ支配《しはい》するかである東北地方《とうほくちほう》はまだ朝廷《ちょうてい》の勢力《せいりょく》の及《およ》ばない地域《ちいき》だった
胆沢城
多賀城
坂上田村麻呂
平安京
桓武天皇《かんむてんのう》はそこへ兵《へい》を送《おく》り込《こ》み奈良時代《ならじだい》に作《つく》られた多賀城《たがじょう》の北方《ほっぽう》に胆沢城《いさわじょう》(奥州市《おうしゅうし》)など前進基地《ぜんしんきち》を作《つく》って国域《こくいき》を広《ひろ》げたそれは税収《ぜいしゅう》の増加《ぞうか》をもたらした
さらに地方《ちほう》では
国司様《こくしさま》今日《きょう》は何《なん》ですか？
このたび中央《ちゅうおう》からいろいろ指令《しれい》が来《き》たので伝《つた》える
一《ひと》ツ これまでの雑徭《ぞうよう》を半分《はんぶん》にするのでその分《ぶん》 毎日《まいにち》田《た》んぼに出《で》て働《はたら》くように…

「桓武天皇の政治」② 勘解由使を置き国司を監督させ、軍団を廃し郡司の子弟などを健児(こんでい)とした。坂上田村麻呂を征夷大将軍に任命して東北に派遣、胆沢城を築くなど国域の拡大に成功。

繰《く》り返《かえ》すが税《ぜい》には中央《ちゅうおう》への庸《よう》・調《ちょう》と地方《ちほう》の租《そ》・雑徭《ぞうよう》および兵役《へいえき》があったがなかでも雑徭《ぞうよう》と兵役《へいえき》の負担《ふたん》が重《おも》かったと言《い》われている
へーえ そりゃ ありがたい
国司《こくし》は税《ぜい》の取《と》り立《た》てをまかされていた
二《ふた》ツ 兵役《へいえき》の義務《ぎむ》を廃止《はいし》するからしっかり働《はたら》いて「調《ちょう》」や「租《そ》」をおこたることがないように!!
兵役《へいえき》がなくなるの!!
ウォーよかった〰〰!!
万歳《ばんざい》!!
国司様《こくしさま》!!

お戻《もど》り下《くだ》さい ただいま勘解由使《かげゆし》殿《どの》が到着《とうちゃく》されました
来《き》たか ウムム――
不作《ふさく》で決《き》められた税《ぜい》が集《あつ》まらなかったというイイワケは通《つう》じませんなァ
クソー!!
国司様《こくしさま》 他《ほか》には？
もう話《はなし》は終《お》わりだ!!
国司《こくし》は中間搾取《ちゅうかんさくしゅ》をすることが多《おお》く桓武《かんむ》はそこにも手《て》を入《い》れた
帰《かえ》った帰《かえ》った…
平安京《へいあんきょう》に遷都《せんと》して十数年後《じゅうすうねんご》
平安京《へいあんきょう》では…

桓武天皇《かんむてんのう》の死後《しご》 平城天皇《へいぜいてんのう》が即位《そくい》したが 病弱《びょうじゃく》のためまもなく その地位《ちい》を弟《おとうと》の嵯峨天《さがてん》皇《のう》に譲《ゆず》った 二人《ふたり》は仲《なか》の良《よ》い兄弟《きょうだい》だったのだ
ところがその後《あと》も平城上皇《へいぜいじょうこう》に寵愛《ちょうあい》された「薬子《くすこ》」が政治《せいじ》に口《くち》を出《だ》してきたのである
嵯峨天皇《さがてんのう》
帝《みかど》 お話《はなし》とは？

「嵯峨天皇の政治」　嵯峨天皇は兄の平城天皇が病弱なため即位し、中央政府の官制と法制の整備に努め、蔵人などの令外官を置いた。蔵人の長官は藤原冬嗣である。検非違使を設置し都の警察や裁判を担当させた。

藤原冬嗣《ふじわらのふゆつぐ》…
近頃《ちかごろ》私《わたし》の政《まつりごと》に
うるさく口《くち》を出《だ》す
者《もの》がいて困《こま》って
おる…
「薬子《くすこ》」と
式家《しきけ》の者《もの》たち
ですな…
そうじゃ…
都《みやこ》を奈良《なら》に
もどそうとまで
言《い》い出《だ》している
これでは朝廷《ちょうてい》が
二《ふた》つあるようなものだ
これでは政治《せいじ》が混乱《こんらん》
してしまう
同《おな》じ藤原一族《ふじわらいちぞく》の
お前《まえ》には言《い》いにくい
ことだが…
薬子《くすこ》たちを始末《しまつ》
しろということ
ですな…
おまかせ下《くだ》さい!!
我々《われわれ》北家《ほっけ》は天皇《てんのう》の
味方《みかた》でございます
同《おな》じ一族《いちぞく》であろうと
天皇《てんのう》に逆《さか》らう者《もの》は
討《う》ちとってみせ
ます!!
薬子《くすこ》も冬嗣《ふゆつぐ》も
もともと同《おな》じ
藤原氏《ふじわらし》一族《いちぞく》である
藤原不比等
南家
北家
式家
京家
冬嗣
嵯峨天皇
薬子
平城上皇

★薬子の変　810年　嵯峨天皇　薬子の変で　はっと(はっと)した

八一〇年《ねん》藤原冬嗣《ふじわらのふゆつぐ》を中心《ちゅうしん》とした天皇軍《てんのうぐん》は薬子一派《くすこいっぱ》を制圧《せいあつ》した「薬子《くすこ》の変《へん》」である
薬子《くすこ》は自殺《じさつ》し平城上皇《へいぜいじょうこう》は出家《しゅっけ》させられたそしてようやく政治《せいじ》はおちついた
この度《たび》の働《はたら》き感謝《かんしゃ》するぞ
ははーっ ありがたきお言葉《ことば》
この際《さい》二度《にど》とこのようなことがおこらないように…
天皇直属《てんのうちょくぞく》の兵力《へいりょく》を持《も》たれては？非常時以外《ひじょうじいがい》は都《みやこ》の警備《けいび》をさせれば…
うむ 私《わたし》も似《に》たことを考《かんが》えていた…
そちにまかせるよきに計《はか》え…

こうしてできた警察組織《けいさつそしき》が検非違使《けびいし》である
天皇《てんのう》を守《まも》ると同時《どうじ》に京《きょう》の町《まち》の治安《ちあん》を守《まも》った
これで天皇《てんのう》の信頼《しんらい》はゆるぎないものになった…
今《いま》や権力《けんりょく》は思《おも》うがままだ!! この権力《けんりょく》を永代《えいだい》藤原北家《ふじわらほっけ》で…
こちらは腹《はら》さえふくれていれば満足《まんぞく》なのにねェ…
人間《にんげん》はこわいよなァ… 同門《どうもん》でも討《う》つんだから
この戦《たたか》いで冬嗣《ふゆつぐ》は権力志向《けんりょくしこう》が肥大《ひだい》したんだ
そしてこれが〝摂関政治《せっかんせいじ》〟の始《はじ》まりだったんだ…
兄貴《あにき》摂関政治《せっかんせいじ》って?
?
よっしゃ分《わ》かりやすく説明《せつめい》をしてやるよ
この当時《とうじ》貴族《きぞく》の夫婦《ふうふ》は同居《どうきょ》せず夫《おっと》が妻《つま》の家《いえ》へ通《かよ》う「妻問婚《つまどいこん》」だったんだ
従《したが》って子《こ》どもは生《う》まれると母親《ははおや》の家《いえ》で育《そだ》てられた

★承和の変　842年　良房の野心に(やしんに)びっくり　承和の変
★応天門の変　866年　応天門　火事で追放は　無論無理(はむろんむり)

摂関政治《せっかんせいじ》の実像《じつぞう》～天皇《てんのう》との確執《かくしつ》
天皇《てんのう》の子《こ》どもも同様《どうよう》で母親《ははおや》の家《いえ》で育《そだ》てられたんだ そして母親《ははおや》の父親《ちちおや》 つまり子《こ》どもにとっての祖父《そふ》は孫《まご》が天皇《てんのう》になった時《とき》には「外祖父《がいそふ》」と呼《よ》ばれたんだ
オギャァアー
オギャァー
へえ…
生《う》まれたか!!
はい だんな様《さま》
立派《りっぱ》な男《おとこ》の子《こ》でございます
うれしい きっと帝《みかど》も喜《よろこ》ばれますね
娘《むすめ》よ ご苦労《くろう》だった
これでわしもいつか「外祖父《がいそふ》」だ
―そして数年後《すうねんご》―

藤原良房　北家は冬嗣が蔵人頭になって皇室と外戚関係を結び力を伸ばす。冬嗣の子良房は、858年に孫の清和天皇即位後に人臣最初の摂政となる。他氏排斥に努め、承和の変・応天門の変で伴・橘氏を没落させた。

た大変《たいへん》です!! み帝《みかど》が亡《な》くなられました!!
そうか…しばらく病《やまい》で臥《ふ》しておられたからな…
…となると次《つぎ》の帝《みかど》は?
当然《とうぜん》私《わたし》の子《こ》の…
生《う》まれた時《とき》にすでに皇太子《こうたいし》になっているし…誰《だれ》も反対《はんたい》しないでしょう
この子《こ》が次《つぎ》の帝《みかど》です
だけど この子《こ》はまだ九歳《きゅうさい》
政《まつりごと》などできないぞ…
お父様《とうさま》が代行《だいこう》なさればいいのです
この子《こ》が大《おお》きくなるまでなら文句《もんく》も出《で》ませんわ
なるほど それなら…

天皇《てんのう》を代行《だいこう》することとなる外祖父《がいそふ》に「摂政《せっしょう》」という名《な》が与《あた》えられたんだ
うまいことやりましたねェー
娘《むすめ》・明子《あきらけいこ》を文徳天皇《もんとくてんのう》の妃《きさき》とした藤原良房《ふじわらのよしふさ》は清和天皇《せいわてんのう》の摂政《せっしょう》になったんだ…
〈藤原氏〉
冬嗣
良房
仁明天皇
文徳天皇
（明子）
清和天皇（9歳）
摂政・外祖父
またこんなこともあった
困《こま》ったことです 帝《みかど》は乱暴乱行《らんぼうらんぎょう》の上《うえ》に物狂《ものぐる》い…
ポーン
懸命《けんめい》にお願《ねが》いしても改《あらた》めてはいただけないとか
そのとおり 退《ひ》いてもらわねば という話《はなし》がもっぱらじゃ…
藤原基経《ふじわらのもとつね》

藤原基経　藤原良房の養子基経は884年に光孝天皇の関白の実を行い、次の宇多天皇の時に正式に関白となった。

★遣唐使廃止　894年　道真で　白紙(はくし)に戻す　遣唐使

しかし その後《あと》をどなたにするのか？
あなたも皇族《こうぞく》だいかがですかな
一度《いちど》は天皇《てんのう》と呼《よ》ばれてみたいと仰《おっしゃ》っていたはず
そんな…私《わし》のような老人《ろうじん》には
私《わし》におまかせておけば大丈夫《だいじょうぶ》
そのかわり私《わし》のやることに一切《いっさい》口《くち》だししてもらっては困《こま》りますぞ
はあ
〈藤原氏〉
冬嗣
良房
仁明天皇
文徳天皇
清和天皇
陽成天皇
基経
光孝天皇
関白
こういうことで藤原基経《ふじわらのもとつね》は光孝天皇《こうこうてんのう》の関白《かんぱく》となった
もちろん天皇家《てんのうけ》に妃《きさき》を入《い》れたのは藤原氏《ふじわらし》ばかりではなかったが“他氏排斥《たしはいせき》”といっていろいろ難《なん》クセをつけ他《ほか》の有力貴族《ゆうりょくきぞく》を潰《つぶ》していったのさ
外戚関係《がいせきかんけい》を利用《りよう》して権力《けんりょく》を独占《どくせん》した藤原氏《ふじわらし》はこうして全盛期《ぜんせいき》を迎《むか》えるんだね
ああ

「延喜・天暦の治」　基経の死後、宇多天皇は菅原道真を登用して藤原氏を抑えようとした。また、醍醐・村上天皇は摂政・関白を置かず、律令政治の再建に努めた。

★安和の変　969年　安和の変　最後の排斥　腹黒く（くろく）

★尾張国郡司百姓等解文　988年　尾張では　苦はや（くはや）めてよと　解文出す

父《とう》ちゃん腹《はら》へった
情《なさ》けないエサは自分《じぶん》で探《さが》せ!!
藤原氏《ふじわらし》の逞《たくま》しさを見習《みなら》え!!
？
此《こ》の世《よ》をば我《わ》が世《よ》とぞ思《おも》ふ
望月《もちづき》のかけたることもなしと思《おも》へばー
さきほど道長殿《みちながどの》が詠《よ》まれたものじゃ
おーっ
おーっ
おーっ

「摂関政治の全盛」　安和の変で藤原氏の他氏排斥は終る。道長・頼通父子の摂関政治の全盛。地方の有力豪族は競って荘園を摂関家に寄進した。『天下の地悉く一の家の領となり』と記す藤原実資の日記「小右記」。

お見事《みごと》
われら藤原一門《ふじわらいちもん》に
ぴったりの御歌《おうた》
ですなァ…
世間《せけん》では何《なに》かに
つけて道長殿《みちながどの》が
こう言《い》われた
こうなされたと
噂話《うわさばなし》が―
めでたい
宴《うたげ》じゃ
みんな愉快《ゆかい》に
すごして
くれィ
藤原道長《ふじわらのみちなが》
ぐい
それは道長《みちなが》の
三女《さんじょ》が後一条天皇《ごいちじょうてんのう》の
妃《きさき》となり三代《さんだい》
続《つづ》けて娘《むすめ》がきさきに
選《えら》ばれるという
未曾有《みぞう》の祝宴《しゅくえん》だった
だが道長《みちなが》の次《つぎ》の
頼通《よりみち》の時代《じだい》には
関係《かんけい》がとだえ
天皇家《てんのうけ》の力《ちから》が
復活《ふっかつ》するので
ある

藤原道長　道長は娘を次々に中宮などにたてて、外戚となった。三女威子が後一条天皇の中宮になった時に、『この世をばわが世とぞ思ふ望月のかけたることもなしと思へば』と詠んだといわれる。

止《と》めろ 降《お》りて 下見《したみ》を するから
ジャリ
うん なかなか 良《よ》さそうな 寺《てら》だ… 地《ち》の利《り》もいい
後三条天皇《ごさんじょうてんのう》

 後三条天皇　記録荘園券契所を設けて、荘園整理を断行。摂関家の経済的基盤に大打撃を与えた。

では
御隠居所《ごいんきょじょ》は
ここに…
住《す》いはこちらに移《うつ》すが政《まつりごと》の実権《じっけん》はわしが握《にぎ》る
まだ若《わか》い者《もの》にまかせるには不安《ふあん》がある
天皇《てんのう》の位《くらい》は息子《むすこ》に譲《ゆず》るが私《わたし》が「上皇《じょうこう》」として実権《じっけん》を握《にぎ》る!!
私《わたし》の祖母《そぼ》は藤原氏《ふじわらし》だが永年《ながねん》の摂関政治《せっかんせいじ》はここで断《た》ち切《き》らねばならぬ…
はっ
これからは再《ふたた》び権力《けんりょく》を藤原氏《ふじわらし》に奪《うば》われないために〝院政《いんせい》〟をしく!!
実際《じっさい》には始《はじ》める前《まえ》に後三条天皇《ごさんじょうてんのう》が病死《びょうし》したため本格的《ほんかくてき》な院政開始《いんせいかいし》は次《つぎ》の白河天皇《しらかわてんのう》からだ
それは良《よ》い考《かんが》えでございます

★刀伊の入寇 1019年 遠い国(とおいく)から 刀伊の入寇

★前九年の役始まる 1051年 源氏来て 一応合意(いちおうごうい) 前九年

白河上皇　父後三条天皇の遺志をついだ白河天皇は、上皇となって政治の実権を握った。役所として院庁を開き、中級貴族や受領を院の近臣として院政を開始した。

★延久の荘園整理令　1069年　記録所で　登録(とうろく)しょう　後三条

★白河上皇院政開始　1086年　父ちゃんやろう(とうちゃんやろう)と　院政開始

院政《いんせい》はこの後《あと》百年《ひゃくねん》あまりも続《つづ》くことになる
後三条天皇《ごさんじょうてんのう》
白河上皇《しらかわじょうこう》
鳥羽上皇《とばじょうこう》※(法皇《ほうおう》)
後白河上皇《ごしらかわじょうこう》(法皇《ほうおう》)
※上皇《じょうこう》が出家《しゅっけ》すれば法皇《ほうおう》となる
その頃《ころ》上皇《じょうこう》や貴族達《きぞくたち》はそれぞれ多《おお》くの武士団《ぶしだん》を抱《かか》えて対立《たいりつ》していた

「院政」　白河上皇のあと、鳥羽・後白河が院政を行い、院庁が出す院宣や下文は、天皇の出す詔勅や宣旨と同じように重視された。院の警護は北面の武士と呼ばれる地方武士が担当した。

我々《われわれ》の棟梁《とうりょう》は後白河上皇《ごしらかわじょうこう》
に重用《ちょうよう》されている
平清盛《たいらのきよもり》さまだが
お前《まえ》らの親方《おやかた》の名前《なまえ》は？
源義朝《みなもとのよしとも》さまじゃ われらの
先祖《せんぞ》は東北《とうほく》を鎮撫《ちんぶ》した源《みなもとの》
義家《よしいえ》さまで さらにその
もとは清和天皇《せいわてんのう》 皇族《こうぞく》
だ!! 知《し》ってるか？
それを言《い》うなら
こちらは桓武平氏《かんむへいし》
桓武天皇《かんむてんのう》の
血筋《ちすじ》じゃわい!!
平《たいらの》 清盛《きよもり》
武士団《ぶしだん》の中《なか》の
二大勢力《にだいせいりょく》「平氏《へいし》」と
「源氏《げんじ》」が争《あらそ》っていた
源《みなもとの》 義朝《よしとも》

★保元の乱 1156年 保元の 大乱終って いい頃(いいころ)だ

★平治の乱 1159年 人々号泣(ひとびとごうきゅう)平治の乱

そして 天皇家内部《てんのうけないぶ》の権力争《けんりょくあらそ》いが周囲《しゅうい》の貴族《きぞく》や武士団《ぶしだん》をまきこんで大《おお》きな争《あらそ》いに発展《はってん》した
保元《ほうげん》の乱《らん》(一一五六年《ねん》)や平治《へいじ》の乱《らん》(一一五九年《ねん》)などである… 平清盛《たいらのきよもり》が覇者《はしゃ》になるのはこの後《あと》のことである

名《な》もなき農民《のうみん》の声《こえ》…強欲《ごうよく》な国司《こくし》

時計《とけい》の針《はり》を少《すこ》しもどして武士《ぶし》のなりたちを見《み》てみようー
カーンカーン
トントン
トーントーントーン

ふーーっ
一服《いっぷく》するか…
あれは相当《そうとう》な家《いえ》になるぞ
国司様《こくしさま》の景気《けいき》のいいことよ…
なんでも土塀《どべい》でまわりを囲《かこ》むらしい…
こっちは食《く》うや食《く》わずだというのにな
ヒュ
ひゃっ
わっ!!
ピーーッ
ブスッ

おみごと
国司様《こくしさま》
今度《こんど》はうずら
のようです
うむ…
さあ※中食《ちゅうじき》と
するか…
ドサッ
ところで例《れい》の
逃亡《とうぼう》した一家《いっか》は
捕《とら》えたか?
ハイ ちゃんと ひっ捕《とら》え ました
一家三人《いっかさんにん》で
山《やま》の中《なか》を
さまよって
いました
過重《かじゅう》な税金《ぜいきん》に
耐《た》えかねて
浮浪《ふろう》・逃亡《とうぼう》といっ
て土地《とち》を捨《す》てる人《ひと》
がたえなかった

※一日二食の頃、朝食と夕食との間にとった軽い食事。

偽籍《ぎせき》も見《み》のがしてはならんぞ
心得《こころえ》ております
女《おんな》は税《ぜい》の負担《ふたん》が軽《かる》いので生《う》まれた男《おとこ》の子《こ》を女《おんな》の子《こ》として届《とど》けることもあった（偽籍《ぎせき》）
請作《うけさく》の方《ほう》の調子《ちょうし》は？
順調《じゅんちょう》です
請作《うけさく》とは逃亡《とうぼう》などで所有者《しょゆうしゃ》のいなくなった田《た》の耕作《こうさく》を他《ほか》の百姓《ひゃくしょう》に請《う》けおわせることだったその収穫《しゅうかく》はほとんど国司《こくし》のフトコロに入《はい》った国司《こくし》はもうかる仕事《しごと》だった
話《はなし》はかわりますがあと半年《はんとし》で任期《にんき》を終《お》えられるのでは？
!!

※国司に再任されること。

ハハハ…
ちゃんと重任《※ちょうにん》の手《て》をうってあるさ
国司《こくし》の任期《にんき》は四年《よねん》だが朝廷《ちょうてい》の有力者《ゆうりょくしゃ》にワイロを渡《わた》せばどうとでもなる
みんなやってることさ…
そうですよね…
はっはっはっはっはっは、
いいか？水《みず》を通《とお》すぞ
よーしたのむ

「地方政治の乱れ」 摂政・関白が役人の任免権を握り、公卿の9割以上を藤原氏が占め、成功・重任が一般化。任命されても任国に赴任しない遙任国司も多かった。

武士《ぶし》って何《なに》？…武士団《ぶしだん》が生《う》まれる

あーやれやれだ これで田《た》んぼが三枚《さんまい》ふえるってもんだ
しかし所詮《しょせん》は貴族《きぞく》のものになるんだ 俺《おれ》たちが潤《うるお》うわけじゃねえ
おかしな話《はなし》だ 自分《じぶん》で苦労《くろう》して開墾《かいこん》した土地《とち》が自分《じぶん》のものにならないなんて
カーカー
ウルセェー!!

「荘園」　743年の墾田永年私財法の発布を機に貴族や寺社の開墾、農民の開墾地の買収により成立。10世紀以降、不輸不入の権を獲得するために摂関家や有力寺社などに寄進され、寄進地系荘園と呼ばれる。

ひゃあ おっか ねェー!!
気持《きも》ちは分《わ》かるけど カラスにあたっても ねえ〜
その頃《ころ》 藤原氏《ふじわらし》など中央《ちゅうおう》の 有力貴族《ゆうりょくきぞく》には私有《しゆう》が 許《ゆる》された大《おお》きな 荘園《しょうえん》があちこちに あったんだ…
もちろん本人《ほんにん》は 地方《ちほう》へなんか 来《き》やしない
でも私有地《しゆうち》で 免税《めんぜい》だったから その経営《けいえい》には 熱心《ねっしん》だった 努力《どりょく》はわが身《み》を 太《ふと》らせるってわけ
農民《のうみん》の中《なか》に 荘園《しょうえん》のために 請作《うけさく》をやる 連中《れんちゅう》もでてきた んだが
そんなこんなの うちに彼《かれ》らも 気《き》づき始《はじ》めた のさ…
世《よ》の中《なか》の 矛盾《むじゅん》に…

「武士の成長」名主を中心に武士化、土着した貴族らを棟梁とし武士団形成。9世紀以降、追捕使・押領使に任命される。935〜941年の承平・天慶の乱でも活躍。清和源氏は摂関家と結び勢力を強め、平忠常の乱から東国進出。

どう考《かんが》えてもおかしいと思《おも》わないか？
そうだ不公平《ふこうへい》だ
我々《われわれ》を馬鹿《ばか》にしている
なんとかしなきゃ
あんなふうにガンガン税金《ぜいきん》をとられちゃたまったもんじゃない
そうだそうだ!!
う〜〜ん
…おいそうだこちらも武器《ぶき》を持《も》とう
賛成《さんせい》いざという時《とき》は戦《たたか》おう
いい考《かんが》えがあるぞ!!
あの人《ひと》をたよろう
誰《だれ》だ？
ほれ昔《むかし》は源氏《げんじ》の片《かた》われだったとかいう

あの人《ひと》なら
力《ちから》になって
くれるだろう
方々《ほうぼう》に土着《どちゃく》した
源氏《げんじ》や平氏《へいし》の
傍流《ぼうりゅう》がいっぱい
いたんだよね
彼《かれ》らは国司《こくし》の任期《にんき》が
終《おわ》っても京都《きょうと》に戻《もど》ら
ずに土着《どちゃく》したんだが
元《もと》は国司《こくし》だからそれ
なりに力《ちから》があった
エヘン
歴史《れきし》の先生《せんせい》の
言葉《ことば》をかりれば
こうなる
「武装《ぶそう》した農民《のうみん》を
武士《ぶし》と言《い》う」と
その武士《ぶし》たち
は離合集散《りごうしゅうさん》を
繰《く》り返《かえ》して…
源氏《げんじ》や平氏《へいし》と
親分子分《おやぶんこぶん》の
関係《かんけい》をもつ
大《おお》きな武士団《ぶしだん》に
成長《せいちょう》していった

平清盛《たいらのきよもり》の寝所《しんじょ》
う…
うう
ガバッ
うわっ!!

…悪《わる》い夢《ゆめ》を見《み》た…まさかわが一族《いちぞく》が滅《ほろ》びさるとは…
ありえない!!
ハハハ…かりそめにも“平家《へいけ》にあらざる者《もの》は人《ひと》にあらず”とまで言《い》われているのだ…
この時代《じだい》 京《きょう》の都《みやこ》では貴族政治《きぞくせいじ》の衰微《すいび》の中《なか》で力《ちから》を蓄《たくわ》え「平治《へいじ》の乱《らん》」で源氏《げんじ》を打《う》ち破《やぶ》った平氏一門《へいしいちもん》がわが世《よ》の春《はる》を謳歌《おうか》していた
そんなことがあろうはずはない…主《おも》だった源氏一族《げんじいちぞく》はみな討《う》ちとったし

義朝《よしとも》の一子《いっし》頼朝《よりとも》は伊豆《いず》へ流《なが》した
あのような童《わらべ》になにができよう…
娘《むすめ》・徳子《とくこ》に皇子《みこ》(後《のち》の安徳天皇《あんとくてんのう》)までさずかった
しかもわが身《み》は位人臣《くらいじんしん》を極《きわ》めた太政大臣《だいじょうだいじん》―!!
何《なに》を案《あん》ずることがあろうか…

「平氏政権の成立」　保元・平治の乱の後、平清盛が太政大臣に就任。娘徳子が高倉天皇の中宮となり、安徳天皇を産む。しかし、旧勢力の反感を買い、1177年に鹿ケ谷の陰謀がなされたが発覚した。

平氏《へいし》一門《いちもん》を高位高官《こういこうかん》につけ
宋《そう》(中国《ちゅうごく》)との貿易《ぼうえき》で富《とみ》を手《て》にし
所有《しょゆう》する荘園《しょうえん》は数知《かずし》れず
だった清盛《きよもり》は
武家《ぶけ》の棟梁《とうりょう》にもかかわらず
「天皇《てんのう》の外戚《がいせき》」にこだわった
最初《さいしょ》の武家政権《ぶけせいけん》で
ありながら前《まえ》の時代《じだい》
をひきずっていたのだ
やがて平氏《へいし》は清盛《きよもり》の
悪夢《あくむ》が正夢《まさゆめ》だったことを
知《し》ることになる

「平氏政権の基盤」　平氏政権の経済的基盤は、20カ国を超える知行国と500カ所に及ぶ荘園とされ、日宋貿易による利益もあったといわれる。

第三章《だいさんしょう》　中世《ちゅうせい》の曙《あけぼの》

平治《へいじ》の乱《らん》で敗《やぶ》れた
源氏《げんじ》一党《いっとう》は姿《すがた》を消《け》したが
東国《とうごく》を中心《ちゅうしん》とする
武士《ぶし》たちの中《なか》に
平家《へいけ》に対《たい》する不満《ふまん》が
つみ重《かさ》なっていった…
ヤァアアッ
ウォーッ

ドゥッ
今度《こんど》はオレだ!!
おう!! 来《こ》い!!
お前《まえ》ら 棒切《ぼうき》れなんかでやりあって何《なに》をしている?
子《こ》どものケンカじゃあるまいし…
見《み》てのとおり剣術《けんじゅつ》の稽古《けいこ》だ!!
えっ 剣術《けんじゅつ》の稽古《けいこ》?

もうすぐ戦《いくさ》が始《はじ》まるんだ
その日《ひ》に備《そな》えているんだ
父上《ちちうえ》がそう言《い》っていた
戦《いくさ》？
誰《だれ》と誰《だれ》の…？
お前《まえ》はいつもノー天気《てんき》で気楽《きらく》だなァ…
？
？
誰《だれ》に聞《き》いても平家《へいけ》を見損《みそこ》なったという文句《もんく》ばかりだ…
何《なん》とかしなければと言《い》っている…
まったくなァ…わしにしても一時《いっとき》は平家《へいけ》に心《こころ》をよせて先《さき》の戦《いくさ》には十人程《じゅうにんほど》を応援《おうえん》に差《さ》し出《だ》したが…

武家《ぶけ》の棟梁《とうりょう》の面汚《つらよご》しだ
チャラチャラ貴族《きぞく》の真似《まね》ごとなんかしおって!!
わしらの土地《とち》はしっかり守《まも》ると約束《やくそく》しておきながら なんの手《て》も打《う》たず
やってることは自分《じぶん》たちの土地《とち》をひろげる算段《さんだん》ばかりだ!!
武士《ぶし》たちの願《ねが》いは自分《じぶん》の土地《とち》の所有権《しょゆうけん》を認《みと》めさせることだった…
平家《へいけ》をやっつけるとしたらどうすればいいかな?
大戦《おおいくさ》になるなァ…相手《あいて》は腐《くさ》っても鯛《たい》だ…
大将《たいしょう》をかつぐことだ!!
となればさしずめ源氏《げんじ》のどなたかだが…
う〜〜む…
…なるほど不満《ふまん》がたまっているんだなァ

源《みなもとの》頼朝《よりとも》が勝《か》った理由《りゆう》

頼朝《よりとも》も ここ伊豆《いず》に 流《なが》されてきた 時《とき》には まだ 小《ちい》さかったのに
立派《りっぱ》に なられた ものだ
やっ!! あれは 確《たし》か…
あなた しばらく御休息《ごきゅうそく》 なさったら
政子《まさこ》
ほう 柿《かき》か… うまそう じゃな…
今年《ことし》はたっぷり 柿《かき》の実《み》がついて 食《た》べきれぬ ほどです
頼朝《よりとも》の妻《つま》 北条政子《ほうじょうまさこ》
はい どうぞ
うまい
モグ モグ

北条時政《ほうじょうときまさ》の娘《むすめ》・政子《まさこ》 あのはねっかえり娘《むすめ》が 世話女房《せわにょうぼう》に変身《へんしん》したようだナァ
政子《まさこ》の父《ちち》 北条時政《ほうじょうときまさ》は 平氏《へいし》の出《で》で伊豆《いず》の一部《いちぶ》を領《りょう》する小《ちい》さな豪族《ごうぞく》だった だから平清盛《たいらのきよもり》は北条時政《ほうじょうときまさ》に頼朝《よりとも》の監視《かんし》をさせたのである
ところが時政《ときまさ》の娘《むすめ》が頼朝《よりとも》にゾッコンになり いわば押《お》しかけ女房《にょうぼう》の形《かたち》で子《こ》どもまで作《つく》ってしまったんだ…
ところであなた… ここのところ本当《ほんとう》に騒《さわ》がしいことですね…
あちこちから使者《ししゃ》の方《かた》がみえるし 後白河法皇《ごしらかわほうおう》の御子《おこ》以仁王《もちひとおう》からも平氏追討《へいしついとう》の手紙《てがみ》が届《とど》いていますわ
以仁王《もちひとおう》からも手紙《てがみ》(令旨《りょうじ》)か… …うむ
ここに来《き》た時《とき》には わしに従《したが》うものはわずか三人《さんにん》 変《か》われば変《か》わるものだ…
覚《おぼ》えております 泣《な》き虫《むし》の頼朝様《よりともさま》でした… これも時《とき》の流《なが》れというもの…
…して?

頼《たよ》りにされて知《し》らぬ顔《かお》もできまい…
父上《ちちうえ》の怨《うら》みもはらさねばならぬし…
そうですか…私《わたし》はあなたの妻《つま》最後《さいご》まで支《ささ》えましょう
政子《まさこ》!!
頼朝《よりとも》は挙兵《きょへい》した
しかし

初戦《しょせん》
石橋山《いしばしやま》の戦《たたか》い
(現在《げんざい》の小田原《おだわら》近《ちか》く)
だらしないね 頼朝軍《よりともぐん》は 見込《みこ》みないよ
木曾《きそ》の源義仲《みなもとのよしなか》の方《ほう》が有望《ゆうぼう》じゃないか?
早《はや》まるな じっくり見《み》てやろうじゃないか…

頼朝《よりとも》は戦下手《いくさべた》で
一度《いちど》は房総半島《ぼうそうはんとう》
へ逃《のが》れたが
その後《ご》
千葉《ちば》氏をはじめ
関東各地《かんとうかくち》の
武士団《ぶしだん》が加《くわ》わり
大勢力《だいせいりょく》になった
そして初《はじ》めて
勝利《しょうり》した富士川《ふじがわ》
の戦《たたか》いの後《あと》…

義経様《よしつねさま》がいらしたぞーっ!!
ザッ
ザッ
ザッ
源《みなもとの》 義経《よしつね》
義経《よしつね》!!
兄上《あにうえ》!!
奥州《おうしゅう》・平泉《ひらいずみ》で育《そだ》ち源氏《げんじ》の一大事《いちだいじ》とばかり駆《か》けつけた頼朝《よりとも》の末弟《まってい》のこの義経《よしつね》という男《おとこ》は兄《あに》と違《ちが》って
大変《たいへん》な戦上手《いくさじょうず》だったんだ
これで戦《いくさ》の流《なが》れは大《おお》きく変《か》わった!!

頼朝《よりとも》派《は》の源氏《げんじ》は勢《いきお》いづき 先《さき》に京都《きょうと》を抑《おさ》えた源義仲《みなもとのよしなか》を
宇治川《うじがわ》の戦《たたか》いで撃破《げきは》した

「源平の争乱」 平清盛、後白河法皇を幽閉→以仁王の令旨→源氏の挙兵→富士川の戦い→一の谷の戦い→壇ノ浦の戦い(1185年)

一《いち》の谷《たに》の戦《たたか》い（神戸《こうべ》近《ちか》く）
義仲《よしなか》に京都《きょうと》を追《お》われた平家《へいけ》も一《いち》の谷《たに》の戦《たたか》いで一撃《いちげき》
続《つづ》く屋島《やしま》の戦《たたか》い（高松《たかまつ》近《ちか》く）で平家《へいけ》を追《お》いつめていった

★侍所設置　1180年　侍所　御家人たちに　日々発令（ひびはつれい）

「鎌倉幕府の成立」 1180年侍所開設、1185年守護・地頭の設置、1192年頼朝征夷大将軍就任など、鎌倉幕府の開設時期については諸説がある。

そして壇《だん》ノ浦《うら》の戦《たたか》い
(下関沖《しものせきおき》)
バッ

ついに幼子《おさなご》の安徳天皇《あんとくてんのう》が入水《じゅすい》して平家《へいけ》は滅《ほろ》んだんだ…一一八五年《ねん》のことだ
頼朝《よりとも》は富士川《ふじがわ》の戦《たたか》いの前《まえ》に本拠地《ほんきょち》を鎌倉《かまくら》に移《うつ》していた…
これからなにより大事《だいじ》なのは武士《ぶし》たちの土地所有《とちしょゆう》の形《かたち》を整《ととの》えることだ
平家《へいけ》のテツを踏《ふ》んではならん!!

「鎌倉幕府の組織」① 中央に侍所、公文所(政所)、問注所があり、それぞれの長官には侍所は和田義盛、公文所は大江広元、問注所は三善康信が任命された。

★守護・地頭の設置　1185年　守護・地頭　荘園領主に　一々反抗（いちいちはんこう）

では武士《ぶし》一同《いちどう》に土地《とち》の所有《しょゆう》をちゃんと認《みと》めて安心《あんしん》させるのがよろしいのでは…？
大江広元《おおえのひろもと》
そのとおりだ　では具体的《ぐたいてき》にどのように？
土地《とち》の所有《しょゆう》を認《みと》めて〝本領安堵《ほんりょうあんど》〟と名付《なづ》けましょう
そして各地《かくち》の荘園《しょうえん》に地頭《じとう》として行《い》かせるのです
その地頭《じとう》に荘園《しょうえん》を管理《かんり》させれば全国《ぜんこく》を支配《しはい》することができます　そのうえ　国単位《くにたんい》で地頭《じとう》たちをまとめる守護《しゅご》を置《お》けば完璧《かんぺき》でしょう
私《わたし》の考《かんが》えも同《おな》じだ
大江殿《おおえどの》　それでまとめて発令《はつれい》してくれ
皆《みな》の者《もの》もよいな？
はっ　異議《いぎ》なし

「鎌倉幕府の組織」②　地方には、京都守護、奥州総奉行、鎮西奉行が置かれ、全国に守護・地頭が設置された。軍事・警察権を与えられながらも、東国中心だった幕府の支配権は、承久の乱、元寇を契機に全国に広がった。

このように 本領安堵《ほんりょうあんど》された
武士《ぶし》は御家人《ごけにん》と呼ばれ地頭《じとう》に
任《にん》じられることも多《おお》かった
彼《かれ》らはこうした「御恩《ごおん》」の
かわりに「奉公《ほうこう》」といって
軍役《ぐんえき》や番役《ばんやく》をつとめ
頼朝《よりとも》とかたい主従関係《しゅじゅうかんけい》を
結《むす》んだ
比企能員殿《ひきよしかずどの》
能員殿《よしかずどの》は
私《わたし》をやさしく
育《そだ》ててくれた
乳母《めのと》の子《こ》だ
気《き》を許《ゆる》せる相手《あいて》
と思《おも》うから
意見《いけん》を聞《き》く
のだが…
ハイ
なんなりと
京《きょう》の朝廷《ちょうてい》から
征夷大将軍《せいいたいしょうぐん》の位《くらい》を
もらおうと思《おも》う

★源頼朝征夷大将軍就任　1192年　関東に　いい国（いいくに）作ろう　頼朝将軍

ほう…
これまで
あれほど朝廷《ちょうてい》に
近《ちか》づこうとなさら
なかったのに
どうしてですか?
なぜ征夷大将軍《せいいたいしょうぐん》となることが策略《さくりゃく》なのか?
それは征夷《せいい》の夷《い》とは「エビス」
つまり東《あずま》の異民族《いみんぞく》を討《う》つ
という意味《いみ》で坂上田村麻呂《さかのうえのたむらまろ》以来《いらい》の
重職《じゅうしょく》だった
いったん軍事行動《ぐんじこうどう》に入《はい》ると
絶対的《ぜったいてき》な権限《けんげん》をふるうことが
認《みと》められていたのだ
これによって頼朝《よりとも》は鎌倉《かまくら》に
居《い》ながら半《なか》ば朝廷《ちょうてい》から
独立《どくりつ》した政権《せいけん》となるので
ある…
京都《きょうと》に手出《てだ》しを
させないための
策略《さくりゃく》だ…
後白河法皇《ごしらかわほうおう》が
首《くび》をタテにふる
でしょうか?
力《ちから》ずくでも
もぎとる
つもりだ!!
律令《りつりょう》に
左右《さゆう》されない
我々《われわれ》の
独立政権《どくりつせいけん》を
この地《ち》にうち
たてたい!!

守護　守護は国ごとに置かれ、任務は平時には大犯三箇条と呼ばれ、大番催促、謀叛人・殺害人の逮捕であった。基本的に無給だが、元寇に際して全国の公領・荘園から非御家人も動員できる権限を得た。

後白河法皇《ごしらかわほうおう》は頼朝《よりとも》の意図《いと》を見抜《みぬ》いて反対《はんたい》しつづけたが　後白河法皇《ごしらかわほうおう》の死後《しご》ようやく征夷大将軍《せいいたいしょうぐん》となることができた
だけどそのわずか七年後《しちねんご》に頼朝《よりとも》は急死《きゅうし》したんだ…
落馬《らくば》が原因《げんいん》とか暗殺説《あんさつせつ》とかあるが歴史《れきし》をひっくりかえした大人物《だいじんぶつ》にしてはあっけない最期《さいご》だったよ
頼朝《よりとも》の長男《ちょうなん》頼家《よりいえ》が第二代将軍《だいにだいしょうぐん》として後《あと》を継《つ》ぐが…
すぐに頼家《よりいえ》は自害《じがい》させられてしまったんだ　それにも　いろいろいわくがあるんだよナ

地頭　1185年に後白河法皇の許可を得て、全国の公領・荘園に設置。任務は年貢徴収、土地管理、治安維持。貴族や寺社の抵抗で、当初は平家没官領や謀叛人の所領に限っていたが、のち全国に及んだ。

★和田合戦 1213年 人に意味（ひとにいみ）なし 和田合戦

次々《つぎつぎ》と有力《ゆうりょく》御家人《ごけにん》も滅《ほろ》ぼされて「さあ自分《じぶん》の出番《でばん》だ」と躍《おど》り出《で》たのが…
政子《まさこ》の父《ちち》北条時政《ほうじょうときまさ》だった…

北条氏《ほうじょうし》の執権政治《しっけんせいじ》

ではこれからお父上《ちちうえ》のことを執権殿《しっけんどの》とお呼《よ》びすればいいのですね
うむ… 将軍職《しょうぐんしょく》がいなくてはまずいが 実朝《さねとも》はまだ十二歳《じゅうにさい》だからわが邸《やしき》に迎《むか》えて私《わたし》が補佐《ほさ》している
北条時政《ほうじょうときまさ》

鎌倉幕府の基盤　将軍と御家人との、土地を媒介とする御恩と奉公の関係。将軍は所領を保証する本領安堵、新たな所領を与える新恩給与などの御恩を施し、家臣は戦時は軍役、平時は京都大番役や鎌倉番役などの奉公に励んだ。

…が実権《じっけん》はわしが握《にぎ》るだから執権《しっけん》だ!!
今《いま》や仏《ほとけ》につかえる身《み》の私《わたし》ですそれ以上生《いじょうなま》ぐさい話《はなし》はおやめください…
ハハハ政子《まさこ》とぼけるな…
世間《せけん》ではお前《まえ》のことを〝尼将軍《あましょうぐん》〟と呼《よ》んでいるぞ
まあ!!将軍《しょうぐん》だなんて!!
…お前《まえ》は男《おとこ》に生《う》まれるべきだったよ…
まっ…
この後《あと》 政子《まさこ》は弟《おとうと》の義時《よしとき》と力《ちから》を合《あ》わせて父時政《ちちときまさ》を失脚《しっきゃく》に追《お》い込《こ》むことになる

将軍の経済的基盤　将軍は関東御領(荘園)と関東御分国(知行国)を経済的基盤にした。また、荘園や公領に地頭を任命することができる権限を持つ土地を関東進止所領とよぶ。

—京《きょう》都《と》朝廷《ちょうてい》—
…もはや鎌倉《かまくら》のやり方《かた》には我慢《がまん》が尽《つ》きた…
わが朝廷《ちょうてい》をないがしろにする上《うえ》に※実朝《さねとも》を死《し》なせるとはなんたることか!!
実朝《さねとも》は立派《りっぱ》な歌詠《うたよ》みであった「金槐集《きんかいしゅう》」も作《つく》った立派《りっぱ》な人物《じんぶつ》だ…

※二代将軍源実朝は頼家の子の公暁に殺され源氏の血筋が絶える。

執権政治の確立　頼朝の死後、将軍を継いだ頼家が独裁政治を行おうとしたのに対して、北条政子は時政とはかり有力御家人による合議制を始めた。その後、御家人間の争いが続き、梶原景時・和田義盛などが討伐された。

★承久の乱　1221年　人に不意(ひとにふい)打ち　承久の乱

そして何《なに》よりも
実朝《さねとも》はわしの
可愛《かわい》い 歌《うた》の
弟子《でし》だったのに
アーアー
幕府《ばくふ》を倒《たお》せ!!
執権北条義時《しっけんほうじょうよしとき》
を討《う》て!!
後鳥羽上皇《ごとばじょうこう》

一二二一年《ねん》 京都朝廷《きょうとちょうてい》は
ありあわせの兵力《へいりょく》を集《あつ》め
鎌倉幕府《かまくらばくふ》に戦《たたか》いを
いどんだ!!
だが強力《きょうりょく》な関東《かんとう》
武士団《ぶしだん》にかなう
はずがなく惨敗《ざんぱい》を
喫《きっ》した
「承久《じょうきゅう》の乱《らん》」と言《い》う

承久の乱　1221年に後鳥羽上皇が北条義時追討の院宣を発した。それに対して、北条泰時・時房が京都に向かい、幕府軍の勝利となった。後鳥羽・土御門・順徳３上皇は配流、六波羅探題が設置された。

パン
パン
さあこれで神《かみ》への御礼《おれい》はすんだ…
ここ鶴《つる》ケ岡《がおか》八幡宮《はちまんぐう》は源氏《げんじ》の氏神《うじがみ》だが構《かま》うことはあるまい…
北条義時《ほうじょうよしとき》
…朝廷《ちょうてい》は口《くち》ほどにもなかったのう…

★御成敗式目制定　1232年　人に賛辞(ひとにさんじ)の御成敗

「承久《じょうきゅう》の乱《らん》」以降《いこう》
鎌倉幕府《かまくらばくふ》は北条《ほうじょう》家《け》が主導権《しゅどうけん》をにぎることになる
そして義時《よしとき》の子《こ》泰時《やすとき》の時代《じだい》…
頼朝様《よりともさま》以来《いらい》続《つづ》けてきた先例《せんれい》と武士社会《ぶししゃかい》の慣習《かんしゅう》である道理《どうり》をまとめた〝御成敗式目《ごせいばいしきもく》〟をつくることとする
これにて鎌倉幕府《かまくらばくふ》の政治《せいじ》も完成《かんせい》じゃ

北条泰時　執権を補佐する連署、合議機関の評定衆を確立。また、頼朝以来の先例や道理と呼ばれる武家社会の慣習をもとに1232年に御成敗式目を制定。以後追加された法令は、式目追加と呼ばれる。

国難《こくなん》・蒙古《もうこ》襲来《しゅうらい》と〝一所懸命《いっしょけんめい》〟
この頃《ころ》中国大陸《ちゅうごくたいりく》ではモンゴル帝国《ていこく》の「元《げん》」が周囲《しゅうい》へ侵略《しんりゃく》を始《はじ》めていた

そしてその侵略《しんりゃく》はとうとう日本《にほん》へとのびてきた

北条時頼　1249年に引付衆を置いて、御家人の所領に関する訴訟を迅速公正に行うようにした。また、元摂家将軍の頼経が実権を奪おうとしたため、摂家将軍を廃して、宗尊親王を皇族将軍として迎えた。

九州今津《きゅうしゅういまづ》
（現在《げんざい》の福岡《ふくおか》近《ちか》く）
肥後《ひご》の御家人《ごけにん》
竹崎季長《たけざきすえなが》
竹崎季長《たけざきすえなが》
すごい船《ふね》の数《かず》だ……
この人数《にんずう》で勝《か》てるかなァ？
ヒソ ヒソ ……

★文永の役　1274年　言うなよ（いうなよ）元へ　神風を

馬鹿者《ばかもの》!! 弱気《よわき》でどうする!! 相手《あいて》がすぐにでも上陸《じょうりく》してくる瀬戸際《せとぎわ》だ!!
乾坤一擲《けんこんいってき》求《もと》められるのは死《し》ぬ覚悟《かくご》ではないか!!
幕府《ばくふ》からの本領安堵《ほんりょうあんど》の御恩《ごおん》に今《いま》こそ報《むく》いる時《とき》ではないのか!!
上陸《じょうりく》してきた!! 行《い》くぞ!!

ヤーヤー
われこそは
肥後《ひご》の国《くに》の
住人《じゅうにん》…
ドドドドドドドド
奴《やつ》ら
何《なに》を叫《さけ》んで
いるんだ?
わからない
あれで戦《たたか》う
つもりが
あるのか?
ビュー
ヒューン
やっちまえ!!
!!

蒙古軍《もうこぐん》は日本軍《にほんぐん》が見《み》たこともない武器《ぶき》「てつはう」で攻撃《こうげき》してきた
一時《いちじ》はたじろいだ日本軍《にほんぐん》も士気《しき》は高《たか》く弓《ゆみ》や一騎打《いっきう》ち戦法《せんぽう》で応戦《おうせん》した

激《はげ》しい戦《たたか》いであったが夜《よる》になると蒙古軍《もうこぐん》は船《ふね》に引《ひ》き揚《あ》げていった
ハアハア明日《あす》も攻《せ》めて来《く》るかな…
来《く》るだろう…
おや？雨《あめ》だ!!
その夜《よる》大暴風雨《だいぼうふうう》となった!!

★弘安の役　1281年　いつも　敗(いつもはい)走　弘安の役

あれまあ
嵐《あらし》で蒙古軍《もうこぐん》は
全滅《ぜんめつ》だ…
ラッキー
カア
カア

元寇　フビライ・ハンの朝貢要求に対し、執権の北条時宗は拒否し、1271年に九州の御家人に異国警固番役を課して警備させた。1274年と81年に文永の役、弘安の役がおこる。その後、鎮西探題を置き九州の警備を続けた。

蒙古襲来《もうこしゅうらい》(元寇《げんこう》)は「※文永《ぶんえい》の役《えき》」「弘安《こうあん》の役《えき》」と二度《にど》あったが なぜかその度《たび》に大嵐《おおあらし》となり元軍《げんぐん》は退却《たいきゃく》を余儀《よぎ》なくされたんだ
人々《ひとびと》は〝神風《かみかぜ》〟が吹《ふ》いたと噂《うわさ》したが我輩《わがはい》に言《い》わせれば台風《たいふう》の季節《きせつ》だったんだな
間違《まちが》っても他《ほか》の国《くに》を侵略《しんりゃく》しようなんて考《かんが》えない方《ほう》がいいってことサ…
まあ〝神風《かみかぜ》〟ならぬ〝神罰《しんばつ》〟があたったということか…
さて難敵《なんてき》をしりぞけたものの身体《からだ》を張《は》った御家人《ごけにん》たちはどうなったかというと…
トホホホ恩賞《おんしょう》が全《まった》くないとはなァ…タダ働《ばたら》きかァ…
仕方《しかた》あるまい戦《いくさ》に勝《か》っても得《え》たものはなにもないんだから…
異国《いこく》相手《あいて》じゃなァ
ここぞ〝一所懸命《いっしょけんめい》〟の見《み》せどころと頑張《がんば》ったわけだが
オレなんか土地《とち》を担保《たんぽ》にして借金《しゃっきん》して行《い》ったんだぞ…
………

※近年、「文永の役」は、暴風雨による撤退ではなく、当初から予定されたものだという説もある。

武士の窮乏　元寇後、恩賞が行き渡らず御家人が窮乏した。幕府は1297年永仁の徳政令を発して御家人救済に取り組んだが、北条氏の家督・得宗の専制が進み、御家人は離反していった。

戦場《せんじょう》に出《で》かける費用《ひよう》は自前《じまえ》だったんだ…
"一所懸命《いっしょけんめい》"とは自分《じぶん》の土地《とち》のために命《いのち》を懸《か》けることで

今《いま》の"一生懸命《いっしょうけんめい》"という言葉《ことば》はここからきたんだ

天皇復権《てんのうふっけん》へ　倒幕運動《とうばくうんどう》

元寇《げんこう》を撃退《げきたい》した執権時宗《しっけんときむね》の死後《しご》　その後《あと》を継《つ》いだ北条貞時《ほうじょうさだとき》は朝廷《ちょうてい》の力《ちから》を弱《よわ》める策《さく》をとった…
北条貞時《ほうじょうさだとき》

鎌倉時代の武士の生活　惣領を中心につくられてきた同族的結合は、元寇の頃から解体が進んだ。

★霜月騒動 1285年 霜月に 意地で反抗(いじではんこう) 安達泰盛

この際《さい》朝廷《ちょうてい》の力《ちから》をそぐ必要《ひつよう》がある
「承久《じょうきゅう》の乱《らん》」以来《いらい》朝廷《ちょうてい》が持明院統《じみょういんとう》と大覚寺統《だいかくじとう》に分《わ》かれて争《あらそ》っているのを利用《りよう》するのだ
と申《もう》しますと?
双方《そうほう》が交代《こうたい》で天皇《てんのう》をつとめればいい…
まさか天皇家《てんのうけ》をつぶすわけにはいかないからな…
そうすれば天皇家《てんのうけ》及《およ》び朝廷《ちょうてい》の力《ちから》はさらに弱《よわ》まるはずだ…
これを「両統《りょうとう》の迭立《てつりつ》」と呼《よ》ぼう

★永仁の徳政令 1297年 皮肉な(ひにくな)結果の 徳政令

なるほど天皇家同士《てんのうけどうし》で争《あらそ》わせておけばこちらは安泰《あんたい》ですな…
そういうことだ
はっはっはっはっ
元寇《げんこう》が終《お》わって約五十年後《やくごじゅうねんご》「両統《りょうとう》の迭立《てつりつ》」により大覚寺統《だいかくじとう》の後醍醐天皇《ごだいごてんのう》が即位《そくい》した
後醍醐天皇《ごだいごてんのう》
おめでとうございます
フン…ちっともめでたくない…
…
けしからん全《まった》くけしからん!!

…かつては天皇《てんのう》が源氏《げんじ》を征夷大将軍《せいいたいしょうぐん》にしてやった
やがてその征夷大将軍《せいいたいしょうぐん》が北条氏《ほうじょうし》を執権《しっけん》に任《にん》じた
北条《ほうじょう》などこちらから見《み》れば下《げ》の下《げ》の存在《そんざい》だ それが今《いま》ではその下《げ》の下《げ》の奴《やつ》らが…
次《つぎ》の天皇《てんのう》はだれそれと指名《しめい》してくるとは 無法《むほう》この上《うえ》ない!!
全《まった》くけしからん!!
だいたい幕府《ばくふ》の存在自体《そんざいじたい》が問題《もんだい》なのだ
腸《はらわた》が煮《に》えくりかえっておる!!
お心《こころ》お察《さっ》しいたしますが…
…ちこう寄《よ》れ
「元寇《げんこう》」の後《あと》幕府《ばくふ》に不満《ふまん》を持《も》っている地頭《じとう》や御家人《ごけにん》もいると聞《き》く…
そこでじゃ…

その者《もの》たちにこれを…
こ これは!!
幕府《ばくふ》を討《う》てとするわしの密書《みっしょ》じゃ!!
鎌倉《かまくら》に気《き》づかれぬよう届《とど》けてくれ!!
わしの好《す》きな宋《そう》から伝《つた》わりし朱子学《しゅしがく》では君臣《くんしん》の立場《たちば》ははっきりせねばならぬと書《か》いてある!!
それこそが真《しん》の大義名分《たいぎめいぶん》というものであろう
今《いま》こそこの国《くに》に大義名分《たいぎめいぶん》をとりもどさねばならぬ!!
幕府《ばくふ》を討《う》たねばならぬ!!
御意《ぎょい》!!

天皇《てんのう》の密書《みっしょ》を持《も》った使者《ししゃ》が不満《ふまん》をうっ積《せき》させた全国《ぜんこく》の武士《ぶし》たちのもとへ派遣《はけん》された
一方《いっぽう》 そうとも知《し》らず北条高時《ほうじょうたかとき》は贅沢三昧《ぜいたくざんまい》の生活《せいかつ》を送《おく》っていた とりわけ闘犬《とうけん》が大好《だいす》きだった
シロ勝《か》て シロ勝《か》て!! こら そちたちも応援《おうえん》せぬか!!
北条高時《ほうじょうたかとき》
いいえ 私《わたし》たちはブチの味方《みかた》です ソーレ!!
ブチ勝《か》て
ブチ勝《か》て
やれ やれ…

この辺《へん》で本筋《ほんすじ》はひと休《やす》みして地方《ちほう》の状況《じょうきょう》はどうなっているかをコメントしよう
いわゆる地方格差《ちほうかくさ》だ
守護《しゅご》は一《ひと》つの国《くに》を統括《とうかつ》する責任者《せきにんしゃ》地頭《じとう》は荘園《しょうえん》の管理人《かんりにん》とは前《まえ》に述《の》べたことだが…
実《じつ》は守護《しゅご》がエラクてその下《した》に地頭《じとう》がいたというわけではなかった
将軍《しょうぐん》
守護《しゅご》
地頭《じとう》
守護《しゅご》と地頭《じとう》には上下関係《じょうげかんけい》はなくあくまでも将軍《しょうぐん》と守護《しゅご》将軍《しょうぐん》と地頭《じとう》という並列関係《へいれつかんけい》だった
おまけに当初《とうしょ》守護《しゅご》は無給《むきゅう》のいわば名誉職《めいよしょく》だったから幕府《ばくふ》は地頭《じとう》の中《なか》でも力《ちから》のある人《ひと》を守護《しゅご》に任命《にんめい》することが多《おお》かった
地頭《じとう》
守護《しゅご》
つまり多《おお》くは守護《しゅご》と地頭《じとう》の兼務《けんむ》だった
この頃《ころ》の主従関係《しゅじゅうかんけい》は土地《とち》を媒体《ばいたい》にしたものだから「元寇《げんこう》」の後《あと》のように恩賞《おんしょう》が出《で》ないと戦争《せんそう》に行《い》くための借金《しゃっきん》のカタにした土地《とち》を失《うしな》ってしまう御家人《ごけにん》もいた…

困《こま》った彼《かれ》らは自然《しぜん》と有力《ゆうりょく》な守護《しゅご》のもとに集《あつ》まる流《なが》れとなったんだ

その結果《けっか》 守護《しゅご》を中心《ちゅうしん》にした武士団《ぶしだん》がそこここに発生《はっせい》して…
その武士団《ぶしだん》のボスたちが後醍醐天皇《ごだいごてんのう》の密書《みっしょ》を受《う》けとった…

実《じつ》は後醍醐天皇《ごだいごてんのう》の倒幕計画《とうばくけいかく》は事前《じぜん》にもれて 後醍醐天皇《ごだいごてんのう》自身《じしん》は隠岐《おき》に流《なが》されていたが 反幕《はんばく》の気運《きうん》は全国《ぜんこく》に広《ひろ》がっていた

ふむ～
※足利高氏《あしかがたかうじ》
よっしゃ承知《しょうち》した
足利直義《あしかがただよし》
われらが全力《ぜんりょく》をあげて御味方《おみかた》すると天皇《てんのう》に伝《つた》えてくれ!!
ハハーーーッ
直義《ただよし》!!
ちょっと待《ま》て足利《あしかが》はもとは源氏《げんじ》の家《いえ》そのようなことが許《ゆる》されるのか?
兄上《あにうえ》家臣《かしん》が主君《しゅくん》を選《えら》ぶというのが世《よ》の習《なら》い…
しかも今《いま》の幕府《ばくふ》は北条《ほうじょう》のもの…臆《おく》する必要《ひつよう》はないのでは?
※足利尊氏は、鎌倉幕府が滅びるまでは、北条高時の「高」をもらって「高氏」と名乗っていた。

…なるほど
おまえの言《い》うとおりかもしれん
というこうとだ
但《ただ》し しばらくは内密《ないみつ》にな
ハハ――ッ
ありがとうございます
やるか!!
おう!!
おやかた様《さま》
今《いま》 鎌倉《かまくら》からの使者《ししゃ》の方《かた》が…
なにっ!!
!!
案《あん》ずるな
しばらくかくれておれ!!
は…はい

お待《ま》たせした わざわざごくろうでございますな
…して今日《きょう》は？
実《じつ》は京都《きょうと》の方《ほう》で不穏《ふおん》な動《うご》きがありましてな…
高氏殿《たかうじどの》に反幕勢力《はんばくせいりょく》の追討《ついとう》をお願《ねが》いしたく…
しめた 京《きょう》にのぼるいい口実《こうじつ》ができた
兵《へい》をあげても鎌倉《かまくら》にあやしまれることはない
おまかせください 明日《あす》にでも出陣《しゅつじん》いたしましょう!!
ありがたい ここまで来《き》たかいがありました
お頼《たの》み申《もう》す!!

足利軍《あしかがぐん》は表向《おもてむ》きは反幕《はんばく》勢力追討《せいりょくついとう》という幕府《ばくふ》の命令《めいれい》で京《きょう》へ向《む》かったが
京《きょう》で攻《せ》め込《こ》んだ場所《ばしょ》は京《きょう》における幕府《ばくふ》の出先機関《でさききかん》である
六波羅探題《ろくはらたんだい》であった!!

鎌倉《かまくら》
北条高時《ほうじょうたかとき》の館《やかた》
なな なにィ!!
足利《あしかが》が六波羅探題《ろくはらたんだい》を襲《おそ》っただと!! 裏切《うらぎ》り者《もの》が!!
ピュー
今度《こんど》は何事《なにごと》だ!?
新田義貞《にったよしさだ》が鎌倉《かまくら》に攻《せ》め込《こ》んで来《き》ました!!
なにィ 新田《にった》までもか…?

も もはやこれまでか……

★鎌倉幕府滅亡　1333年　一味さんざん（いちみさんざん）　幕府滅亡

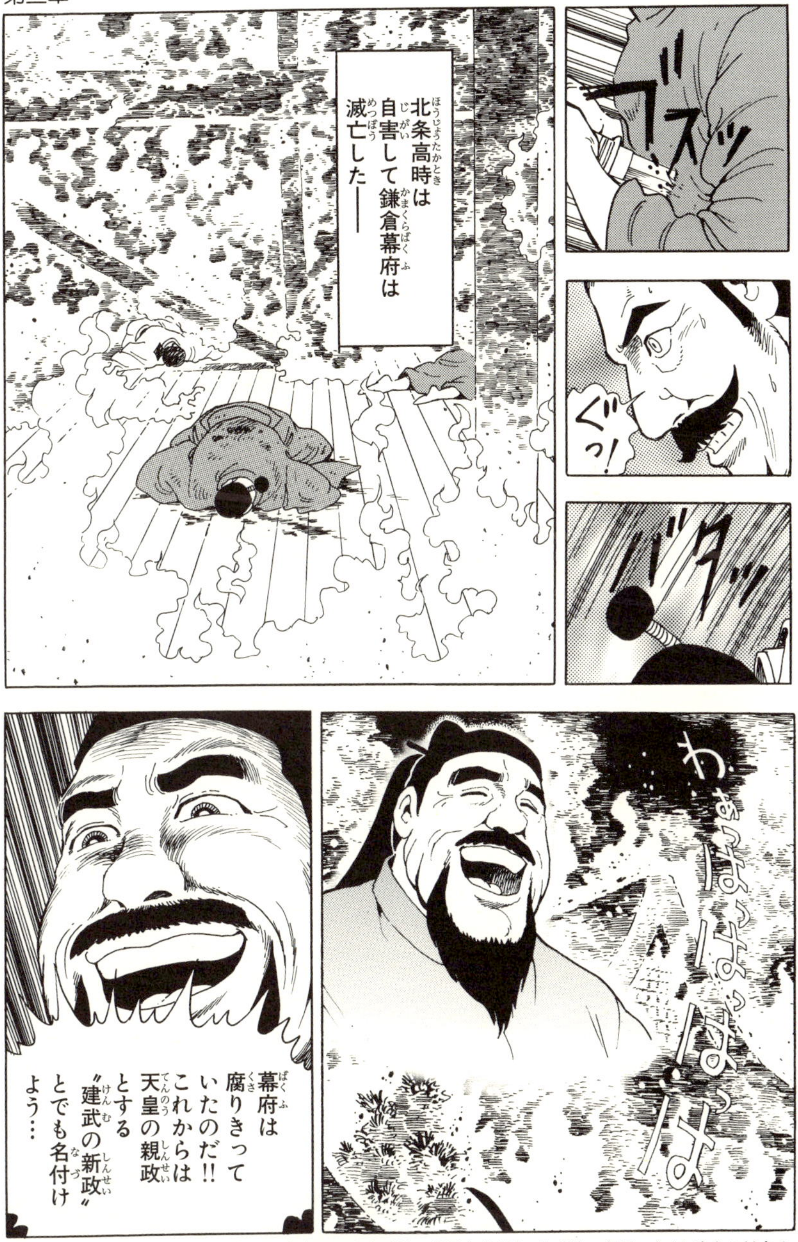
ブスッ
ぐっ!
バタッ
北条高時《ほうじょうたかとき》は
自害《じがい》して鎌倉幕府《かまくらばくふ》は
滅亡《めつぼう》した——
わあっはっはっはっは
幕府《ばくふ》は
腐《くさ》りきって
いたのだ!!
これからは
天皇《てんのう》の親政《しんせい》
とする
"建武《けんむ》の新政《しんせい》"
とでも名付《なづ》け
よう…

建武の新政　後醍醐天皇が天皇中心の公家政治の復活を目指し、公武統一を図ったが、武士に対する恩賞が不十分で武士の不満が募り、北条時行による中先代の乱がおこり、足利尊氏の離反で崩壊した。

第四章《だいよんしょう》　建武《けんむ》の新政《しんせい》から室町幕府《むろまちばくふ》へ

新政《しんせい》はすべて天皇《てんのう》の綸旨《りんじ》（命令《めいれい》）のもとに行《おこな》うこととする
建武《けんむ》の新政《しんせい》
…後醍醐天皇《ごだいごてんのう》と足利尊氏《あしかがたかうじ》

むろん武士《ぶし》らへの所領《しょりょう》の安堵《あんど》も例外《れいがい》ではない
倒幕《とうばく》の論功行賞《ろんこうこうしょう》は天皇家《てんのうけ》や公家《くげ》に厚《あつ》く武士《ぶし》たちは冷遇《れいぐう》された 加《くわ》えて皇居《こうきょ》の改修《かいしゅう》のために重税《じゅうぜい》が計画《けいかく》されるなど 現状《げんじょう》を無視《むし》した時代錯誤《じだいさくご》の政策《せいさく》ばかりだった

武士《ぶし》たちはたちまち新政《しんせい》から離反《りはん》し 尊氏《たかうじ》のもとに結集《けっしゅう》した

尊氏殿《たかうじどの》
我々《われわれ》は天皇《てんのう》のやりかたに納得《なっとく》ゆきません!!
このままじゃ鎌倉幕府《かまくらばくふ》以下《いか》だ!!
みなの気持《きも》ちはよくわかった
わしについて来《こ》い!!
オオオオオオオ
御所《ごしょ》
なんと!?
尊氏《たかうじ》が反旗《はんき》をひるがえした?

はい 京《きょう》へ向《む》けて攻《せ》め上《のぼ》っております…
不忠者《ふちゅうもの》め!!
新田《にった》は?
義貞殿《よしさだどの》は尊氏《たかうじ》とは犬猿《けんえん》の仲《なか》あちらに加《くわ》わるはずがありません
うんうん
正成《まさしげ》も大丈夫《だいじょうぶ》だろうな?
言《い》うまでもありません楠木殿《くすのきどの》はまぎれもない忠臣《ちゅうしん》です
河内国《かわちのくに》(大阪府《おおさかふ》)の豪族《ごうぞく》・楠木正成《くすのきまさしげ》は終始《しゅうし》一貫《いっかん》後醍醐《ごだいご》を支《ささ》えた
しかし
楠木正成《くすのきまさしげ》は湊川《みなとがわ》(神戸《こうべ》)で自害《じがい》し…

南北朝の動乱　足利尊氏は入京して光明天皇を擁立、征夷大将軍に任命され、京都に幕府をつくった。後醍醐天皇は吉野に移って足利氏に対抗したが、後醍醐の死後、急速に力を失い、1392年に南北朝合一がなった。

新田義貞《にったよしさだ》も後《のち》に越前《えちぜん》で討《う》たれた
あ〜〜〜なんということか…
しかも尊氏《たかうじ》の後《あと》おしで持明院統《じみょういんとう》から光明天皇《こうみょうてんのう》が即位《そくい》したとか…
な なにィ!!
建武《けんむ》の新政《しんせい》の寿命《じゅみょう》はわずか三年《さんねん》だった
後醍醐《ごだいご》は吉野《よしの》(奈良県《ならけん》)へ逃《のが》れた
こうして南朝《なんちょう》(吉野《よしの》)と北朝《ほくちょう》(京都《きょうと》)が対立《たいりつ》する南北朝時代《なんぼくちょうじだい》が約五十年間《やくごじゅうねんかん》続《つづ》くこととなる…

京《きょう》都《と》
フーン なるほど でっかい町《まち》だ ウチらの村《むら》の 百倍《ひゃくばい》はあり そうだ
やあ久《ひさ》し ぶりだな そんな所《ところ》で 何《なに》をして いるんだ?
なあに 都見物《みやこけんぶつ》って とこだよ
あんたも 元気《げんき》そう だな…
うん ちょいと 吉野《よしの》へ行《い》って きたよ
へえ…
後醍醐天皇《ごだいごてんのう》が 死《し》んだ後《あと》 南朝《なんちょう》はどんな 様子《ようす》かなと 思《おも》ってね…
わびしい 住《すま》いだったよ 山《やま》の中《なか》の不便《ふべん》な 所《ところ》でさ…
そうそう 戻《もど》ってくる 途中《とちゅう》の 守護屋敷《しゅごやしき》で
こんなことを 聞《き》いたぞ…

半済令《はんぜいれい》？
なんだそれは
尊氏殿《たかうじどの》の新《あたら》しい方針《ほうしん》らしいです
なんでも今後《こんご》は一《ひと》つの国《くに》の年貢《ねんぐ》の半分《はんぶん》を守護《しゅご》の取《と》り分《ぶん》とするとか…
本当《ほんとう》か!! どえらい話《はなし》だな!!
もっとも今《いま》の所《ところ》は足利《あしかが》の息《いき》のかかった数《すう》カ国《こく》だけですがゆくゆくは…
足利支持《あしかがしじ》の立場《たちば》をはっきりさせればその国《くに》もというわけか…
う～む……
たしか全国《ぜんこく》で守護《しゅご》は五十数人《ごじゅうすうにん》
数多《かずおお》くの守護《しゅご》を味方《みかた》にすれば…というわけで
やるねえ尊氏《たかうじ》は!!
尊氏《たかうじ》にとっちゃどっちが正統《せいとう》かなんていう南北朝《なんぼくちょう》の対立《たいりつ》なんか対岸《たいがん》の火事《かじ》なんだな
フンフン

室町幕府の成立　室町幕府は、半済や守護請で勢力を伸ばした守護大名の連合政権的性格を持つ。直轄地の御料所の収入が経済的基盤となるが、比較的弱体であった。

足利尊氏《あしかがたかうじ》は一三三八年《ねん》征夷大将軍《せいいたいしょうぐん》に任命《にんめい》されていたが　南朝《なんちょう》との争《あらそ》いや弟直義《おとうとただよし》との権力争《けんりょくあらそ》いの連続《れんぞく》で安定《あんてい》した政権《せいけん》とはいえなかった
というのも尊氏《たかうじ》には弱《よわ》みがあったのさ一《ひと》つはわずか三千人《さんぜんにん》の自前《じまえ》の兵力《へいりょく》しか持《も》たず軍事力《ぐんじりょく》が弱《よわ》かったもう一《ひと》つは直轄領《ちょっかつりょう》が少《すく》なかった
だから幕府体制《ばくふたいせい》を維持《いじ》してゆくにはどうしても守護《しゅご》の協力《きょうりょく》が必要《ひつよう》となる
そこで彼《かれ》らの御機嫌《ごきげん》をとらざるをえない…
半済令《はんぜいれい》は痛《いた》し痒《かゆ》しだったと思《おも》うよ…
いきおい守護《しゅご》の力《ちから》は強《つよ》くなりやがて〝守護《しゅご》大名《だいみょう》〟と呼《よ》ばれるようになる

★足利尊氏征夷大将軍就任　1338年　瞳さわ(ひとみさわ)やか　室町幕府

★半済令　1352年　父さん　ご不(とうさんごふ)満　半済令

〝豪腕《ごうわん》〟足利義満《あしかがよしみつ》

三代《さんだい》将軍《しょうぐん》足利義満邸《あしかがよしみつてい》
あれか…将軍様《しょうぐんさま》のお屋敷《やしき》というのは…
室町《むろまち》の地《ち》に建《た》てた〝花《はな》の御所《ごしょ》〟と言《い》うらしい
ようやく幕府《ばくふ》も安定《あんてい》してきたということか
ともかくも足利義満《あしかがよしみつ》はとてもすぐれた人物《じんぶつ》だといううわさだ

義満様《よしみつさま》
太政大臣就任《だいじょうだいじんしゅうにん》
おめでとう
ございます
これで義満様《よしみつさま》は
武家《ぶけ》と公家《くげ》双方《そうほう》の
最高位《さいこうい》でござい
ますなァ…
わしが将軍職《しょうぐんしょく》に
任《にん》じられて以来《いらい》
いろいろ力《ちから》を尽《つく》した
かいがあった
最《もっと》も力《ちから》を尽《つく》したのは
ただただ幕府権力《ばくふけんりょく》の
強化《きょうか》であった
幸《さいわ》い南北朝《なんぼくちょう》の
合一《ごういつ》は成《な》り さらに
山名《やまな》・土岐《とき》・大内《おおうち》など
一人《ひとり》で数《すう》カ国《こく》を支配《しはい》して
幕府存立《ばくふそんりつ》の基盤《きばん》を
危《あや》うくしていた有力《ゆうりょく》
守護大名《しゅごだいみょう》の力《ちから》も
削減《さくげん》できた…
これで幕府《ばくふ》は
安泰《あんたい》じゃ
忘《わす》れてならない
大臣《だいじん》の功績《こうせき》は
明《みん》(中国《ちゅうごく》)との
貿易《ぼうえき》でしょう
ははは
そうじゃった
明《みん》の皇帝《こうてい》はわしに
"日本国王《にほんこくおう》"
などという称号《しょうごう》を
贈《おく》ってきた…ははは

★明徳の乱 1391年 瞳食い(ひとみくい)入る 明徳の乱

★南北朝の合一 1392年 義満の 秘策に(ひさくに)負けて 南北合一

室町幕府の職制　鎌倉幕府の執権にあたる管領が統括。細川・畠山・斯波の3氏を三管領という。その下に侍所等がおかれ、赤松・山名・京極・一色の4氏が侍所の長官となり四職という。他に鎌倉府、九州探題等がある。

明国皇帝《みんこくこうてい》の家臣《かしん》のふりをすることとなったとはいえ貿易《ぼうえき》が順調《じゅんちょう》で
幕府財政《ばくふざいせい》が大《おお》いに潤《うるお》っていることはすばらしいですな
はっはっはっは
本当《ほんとう》に立派《りっぱ》なお屋敷《やしき》ができました

義満《よしみつ》が始《はじ》めた交易《こうえき》を〝勘合貿易《かんごうぼうえき》〟と言《い》った
オーイ お前《まえ》たちはどこの船《ふね》だ？
私《わたし》たちは将軍様《しょうぐんさま》に許可《きょか》をいただいた博多《はかた》の商人《しょうにん》です そちらは？
われらは堺《さかい》の商人《しょうにん》さ…
これから明国《みんこく》に向《む》かうのですか？
そうなんだ
じゃあ またな…
お気《き》をつけて！

勘合貿易①　義満が1401年に僧の祖阿と博多商人の肥富を明へ派遣し、1403年に、『日本国王臣源』と称して朝貢し、日本国王と認められ、貿易が始まった。貿易船は勘合符を用いて倭寇と区別されたので、勘合貿易という。

★遣明使を派遣 1401年 投資は一本（とうしはいっぽん） 遣明使

日本《にほん》は刀剣《とうけん》
硫黄《いおう》を輸出《ゆしゅつ》し
生糸《きいと》 絹織物《きぬおりもの》を
中国《ちゅうごく》から輸入《ゆにゅう》
した…
貿易収支《ぼうえきしゅうし》は日本側《にほんがわ》の
圧倒的《あっとうてき》な黒字《くろじ》で
この貿易《ぼうえき》で得《え》た
中国通貨《ちゅうごくつうか》が
当時《とうじ》の日本《にほん》の基準《きじゅん》と
なる通貨《つうか》として
流通《りゅうつう》するほどだった
※義満は死ぬまで実権を持ち続けた。
お呼《よ》びでしょうか？
おう…わしもやがて引退《いんたい》して子《こ》の義持《よしもち》に※実権《じっけん》を譲《ゆず》る日《ひ》が来《く》るだろう

勘合貿易②　４代義持は朝貢形式を嫌って一時中断したが、義教が再開した。のちに大名が貿易船を派遣するようになって、細川氏、大内氏が明の寧波の乱で主導権を争い、最後には大内氏が独占した。

その時《とき》のために
京《きょう》の北山《きたやま》の地《ち》に
別荘《べっそう》を造《つく》って
いたのだ
わしの興味《きょうみ》は
なにも政《まつりごと》ばかり
ではない
北山《きたやま》の地《ち》に文化《ぶんか》を
花《はな》ひらかせるつもりだ
よろしくたのむ
ははーっ
今《いま》に残《のこ》る京都《きょうと》
鹿苑寺金閣《ろくおんじきんかく》は
義満《よしみつ》が造《つく》った北山第《きたやまてい》の
一部《いちぶ》である
北山《きたやま》を拠点《きょてん》に
育《そだ》った北山文化《きたやまぶんか》は
禅宗《ぜんしゅう》の五山文学《ござんぶんがく》
能《のう》・水墨画《すいぼくが》など
文学《ぶんがく》・芸術《げいじゅつ》で
見事《みごと》な熟成《じゅくせい》をみせた
義満《よしみつ》は──
室町幕府《むろまちばくふ》の全盛期《ぜんせいき》を
演出《えんしゅつ》したのである

さて
我輩《わがはい》の
出番《でばん》だ
人《ひと》の一生《いっしょう》について
諺《ことわざ》で〝禍福《かふく》は
あざなえる縄《なわ》の
如《ごと》し〟なんて言《い》うが
室町幕府《むろまちばくふ》の
場合《ばあい》は
そうは
いかず
あっ!!
わわわわわ
ゴロゴロゴロ
このあと
坂道《さかみち》を転《ころ》げ
落《お》ちて行《い》く
次《つぎ》の将軍義持《しょうぐんよしもち》
は大《だい》の父親《ちちおや》
嫌《ぎら》いで…
せっかくの
勘合貿易《かんごうぼうえき》を
やめてしまった
そして
その義持《よしもち》の子《こ》
義量《よしかず》は
若《わか》くして
女好《おんなず》き
酒好《さけず》き
酒乱《しゅらん》で
二十歳前《はたちまえ》に
アルコール
中毒《ちゅうどく》で
死《し》んで
しまった

子《こ》どもがいないので義持《よしもち》の四人《よにん》の弟《おとうと》たちが次《つぎ》の将軍《しょうぐん》に誰《だれ》がなるのかクジ引《び》きをした
なぜクジ引《び》きかというと四人《よにん》それぞれの後《うし》ろに黒幕《くろまく》がついているからクジなら波風《なみかぜ》が立《た》たないとふんだのだろう……
そして当選《とうせん》したのが義教将軍《よしのりしょうぐん》だった…
ところが この人《ひと》力《ちから》もないのにヤル気《き》ばかりあって次々《つぎつぎ》と守護大名《しゅごだいみょう》をつぶしていったのでおそれた有力守護大名《ゆうりょくしゅごだいみょう》赤松満祐《あかまつみつすけ》に暗殺《あんさつ》されてしまった やりすぎってあるのさ…
さらに次《つぎ》の義政将軍《よしまさしょうぐん》の場合《ばあい》は…
ああ情《なさ》けないあなたそれでも将軍《しょうぐん》ですか!!
いたっ

★正長の土一揆 1428年 人の世には(ひとのよには) 正長農民一揆する

★琉球王国建国 1429年 一夜に国(ひとよにくに)たつ 琉球王国

はっきり言《い》いなさい!! 後継《あとつ》ぎはあなたの子《こ》この義尚《よしひさ》だと!!
だめだよ前《まえ》に弟《おとうと》にゆずるって言《い》ってやったもの…
将軍《しょうぐん》のくせに弱虫《よわむし》!!
ひゃー!
極端《きょくたん》に軟弱《なんじゃく》で優柔不断《ゆうじゅうふだん》だった
最初《さいしょ》は弟《おとうと》の義視《よしみ》を後継《あとつ》ぎだと公言《こうげん》していたのにヤリ手《て》で猛妻《もうさい》の日野富子《ひのとみこ》に子《こ》ども(義尚《よしひさ》)ができたものだからさあ判断《はんだん》不能《ふのう》になってしまったんだ
そのせいで将軍《しょうぐん》の後継《あとつ》ぎ争《あらそ》いで守護大名《しゅごだいみょう》たちも二派《には》に分《わ》かれたそれは実力者同士《じつりょくしゃどうし》の権力争《けんりょくあらそ》いへと発展《はってん》していった

応仁《おうにん》の乱《らん》　戦乱《せんらん》の始《はじ》まり

応仁の乱　足利義政は弟義視を後継に定めたが、妻日野富子に義尚が生まれ、後継問題がおこった。これに、畠山・斯波氏の家督問題がからみ、細川勝元と山名持豊との対立が激しくなって1467年に応仁の乱がおこった。

この愚《おろ》かな戦《いくさ》は十一年《じゅういちねん》もの間《あいだ》続《つづ》いた…
応仁《おうにん》の乱《らん》と呼《よ》ぶ…
結局勝敗《けっきょくしょうはい》がつかず戦《たたか》いにピリオドが打《う》たれた時《とき》 京《きょう》の都《みやこ》は灰燼《かいじん》に帰《き》していた

★永享の乱 1438年 人世見放す（ひとよみは）永享の乱

★嘉吉の乱 1441年 一夜酔い（ひとよよい）すぎ 嘉吉の乱

惣　農民の地縁的な結合を惣といい、南北朝期に先進地域であった畿内に成立した。寄合を開き、村掟を定め、百姓請を行った。また、この惣を基盤にしばしば徳政をもとめて土一揆をおこした。

★応仁の乱　1467年　人世むな(ひとよむな)しい　応仁の乱

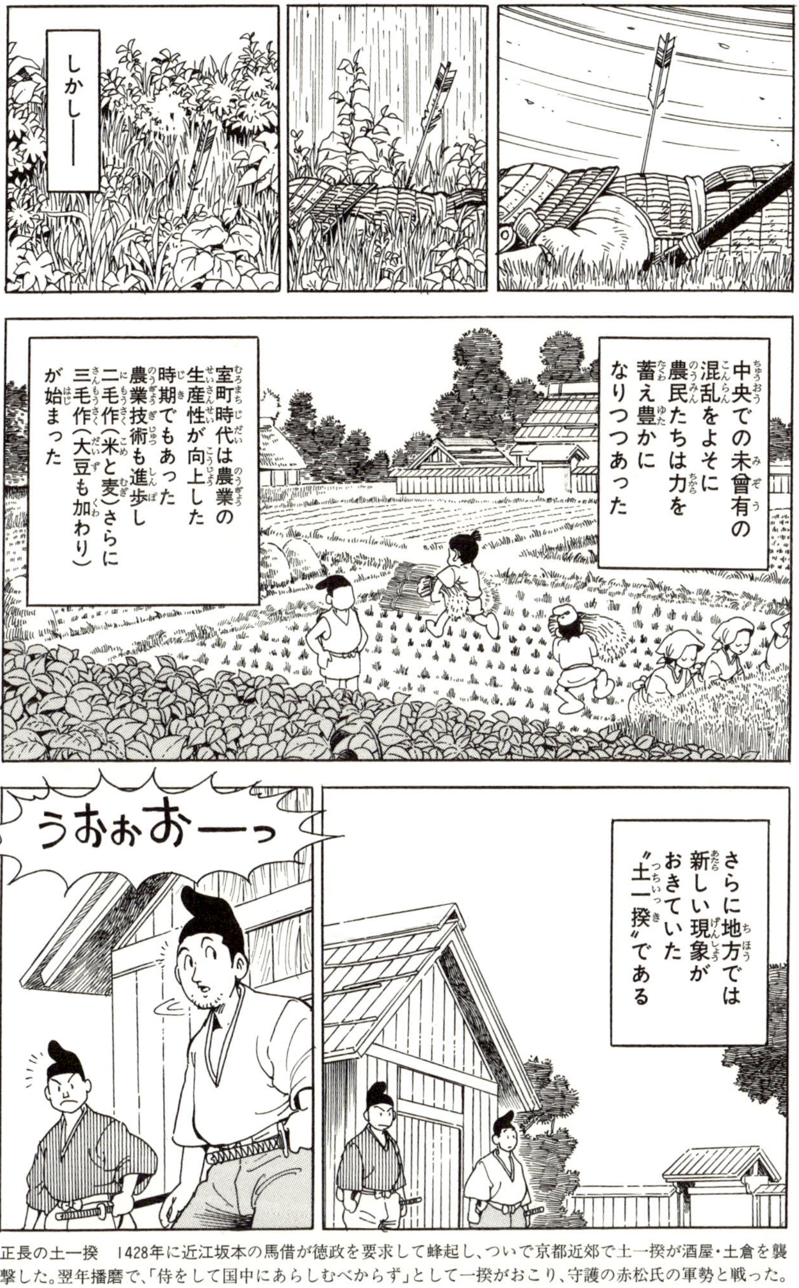
しかし――
中央《ちゅうおう》での未曾有《みぞう》の混乱《こんらん》をよそに農民《のうみん》たちは力《ちから》を蓄《たくわ》え豊《ゆた》かになりつつあった
室町《むろまち》時代《じだい》は農業《のうぎょう》の生産性《せいさんせい》が向上《こうじょう》した時期《じき》でもあった　農業《のうぎょう》技術《ぎじゅつ》も進歩《しんぽ》し二毛作《にもうさく》(米《こめ》と麦《むぎ》)さらに三毛作《さんもうさく》(大豆《だいず》も加《くわ》わり)が始《はじ》まった
さらに地方《ちほう》では新《あたら》しい現象《げんしょう》がおきていた〝土一揆《つちいっき》〟である
うおぉおーっ

正長の土一揆　1428年に近江坂本の馬借が徳政を要求して蜂起し、ついで京都近郊で土一揆が酒屋・土倉を襲撃した。翌年播磨で、「侍をして国中にあらしむべからず」として一揆がおこり、守護の赤松氏の軍勢と戦った。

ぐわっ
よしっ どんどん運《はこ》び出《だ》せ
どうせ我々《われわれ》からかすめ取《と》った米《こめ》だ…構《かま》いやしねェ
オレたちには働《はた》かせておいて自分《じぶん》たちはのうのうと都《みやこ》で暮《くら》しやがって
それで年貢《ねんぐ》はちゃんと納《おさ》めろだと?
ふざけるな!!
農民《のうみん》が武装《ぶそう》するというひと昔前《むかしまえ》と同《おな》じ現象《げんしょう》がおきていた

嘉吉の土一揆　6代将軍義教のあと義勝が将軍になると、代始めの徳政と称して、嘉吉の土一揆がおこり、幕府は初めて徳政令の発布を認めた。

★山城の国一揆 1485年 意思はいつ(いしはいつ)でも 国一揆

もともと農民《のうみん》だった
武士《ぶし》たちは
今《いま》では守護大名《しゅごだいみょう》と
その傘下《さんか》の軍事力《ぐんじりょく》として
京都《きょうと》に常駐《じょうちゅう》することが
多《おお》くなり
つまり武士《ぶし》 作人《さくにん》(小作《こさく》)
下人《げにん》・所従《しょじゅう》(隷属農民《れいぞくのうみん》)の
農村構成《のうそんこうせい》から武士《ぶし》がぬけたため
作人《さくにん》が武装《ぶそう》し始《はじ》めたのだ
彼《かれ》らは守護大名《しゅごだいみょう》の
不在《ふざい》を狙《ねら》うかの
ように年貢減免《ねんぐげんめん》を
要求《ようきゅう》し 一揆《いっき》が
頻発《ひんぱつ》したのだ

山城の国一揆　応仁の乱後も対立していた畠山両陣(政長と義就)を1485年に撤退させて、8年間自治を行った。

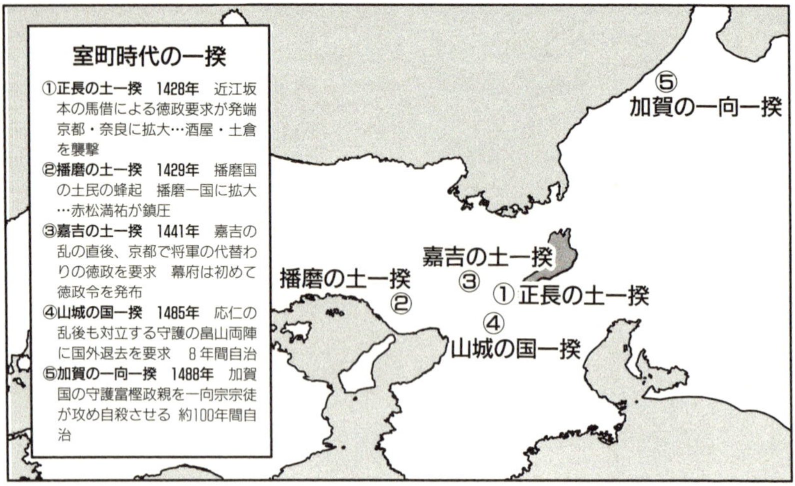
室町時代の一揆
①正長の土一揆　1428年　近江坂本の馬借による徳政要求が発端　京都・奈良に拡大…酒屋・土倉を襲撃
②播磨の土一揆　1429年　播磨国の土民の蜂起　播磨一国に拡大…赤松満祐が鎮圧
③嘉吉の土一揆　1441年　嘉吉の乱の直後、京都で将軍の代替わりの徳政を要求　幕府は初めて徳政令を発布
④山城の国一揆　1485年　応仁の乱後も対立する守護の畠山両陣に国外退去を要求　8年間自治
⑤加賀の一向一揆　1488年　加賀国の守護富樫政親を一向宗宗徒が攻め自殺させる　約100年間自治
⑤
加賀の一向一揆
嘉吉の土一揆
播磨の土一揆
③
①正長の土一揆
②
④
山城の国一揆

★加賀の一向一揆　1488年　人世はば(ひとよはば)かる　一向一揆

守護大名《しゅごだいみょう》は土一揆《つちいっき》の取締《とりしま》りに手《て》を焼《や》いて 税《ぜい》を納《おさ》めることを条件《じょうけん》にして
国人《こくじん》らに自治《じち》を許《ゆる》すようにもなる

加賀の一向一揆　蓮如の布教により北陸一帯に広まっていた一向宗の門徒が中心となって蜂起した一揆。守護富樫政親を倒し、一揆による自治を約100年間守った。

第五章《だいごしょう》　戦国大名《せんごくだいみょう》の野望《やぼう》 ～封建体制《ほうけんたいせい》の確立《かくりつ》

戦乱《せんらん》のさなか室町幕府《むろまちばくふ》との関係《かんけい》を断《た》ち切《き》って自分《じぶん》の領国《りょうごく》へ戻《もど》る守護大名《しゅごだいみょう》も多《おお》かった
あのような無益《むえき》な戦《いくさ》はもう沢山《たくさん》だ…
幕府《ばくふ》とは縁《えん》を切《き》ろう!!
これから大事《だいじ》なのは自分《じぶん》の領地《りょうち》をしっかり経営《けいえい》することだ

武将乱立《ぶしょうらんりつ》の時代《じだい》…京都《きょうと》を捨《す》てた戦国大名《せんごくだいみょう》

戦国大名① 戦国大名は土地・農民を直接支配する分国を形成し、擬似的家族制の寄親・寄子(よりおや・よりこ)制を組織し主従の信頼関係を強化。分国法には、家臣の私闘を禁じた喧嘩両成敗や城下町集住の定めが多い。

おのれは!?
死《し》ね!!
か…家臣《かしん》の分際《ぶんざい》で!!
また自《みずか》らの主《あるじ》を謀殺《ぼうさつ》する野心家《やしんか》も出《で》た…
いわゆる〝下剋上《げこくじょう》〟である

中央《ちゅうおう》も地方《ちほう》も
世《よ》は麻《あさ》の如《ごと》く乱《みだ》れ
〝戦国時代《せんごくじだい》〟が到来《とうらい》した
その混乱《こんらん》の中《なか》から
数々《かずかず》の〝戦国大名《せんごくだいみょう》〟が
輩出《はいしゅつ》する
彼《かれ》らは領国《りょうごく》の支配《しはい》を
徹底《てってい》することで力《ちから》を
蓄《たくわ》えていった

★三浦の乱 1510年 朝鮮は 以後通(いごとお)せんぼ 三浦の乱

戦国大名② 戦国大名は、指出(さしだし)検地を実施して、土地と年貢の把握に努め、公家・寺社の権利を否定したため、荘園制が崩壊していった。

ザッ
織田信長《おだのぶなが》が
今川義元《いまがわよしもと》を倒《たお》したのは
一五六〇年《ねん》の
〝桶狭間《おけはざま》の戦《たたか》い〟だ

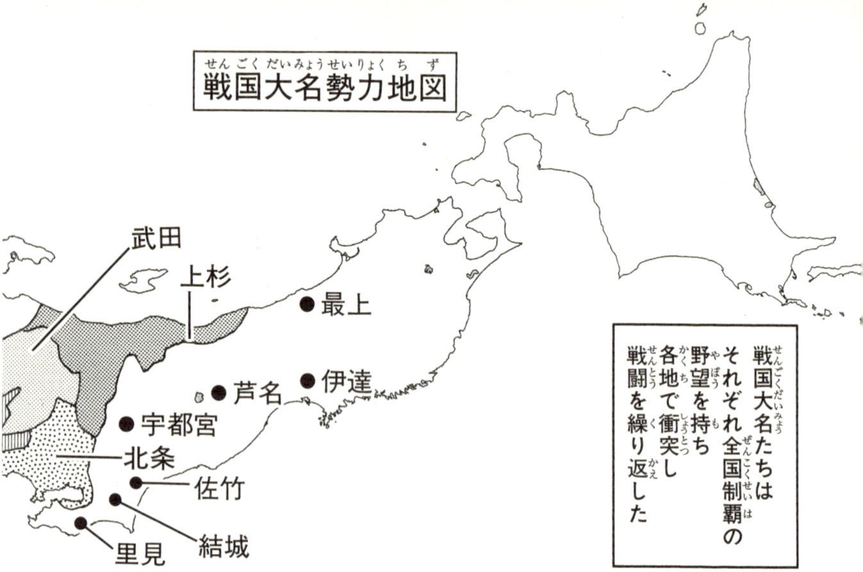

戦国大名勢力地図《せんごくだいみょうせいりょくちず》
武田
上杉
最上
芦名
伊達
宇都宮
北条
佐竹
結城
里見
戦国大名《せんごくだいみょう》たちは
それぞれ全国制覇《ぜんこくせいは》の
野望《やぼう》を持《も》ち
各地《かくち》で衝突《しょうとつ》し
戦闘《せんとう》を繰《く》り返《かえ》した

尾張《おわり》から発進《はっしん》し
今川《いまがわ》・斎藤《さいとう》(美濃《みの》)
浅井《あざい》・朝倉《あさくら》を討《う》ち
戦国大名《せんごくだいみょう》の中《なか》でも抜《ぬ》きん出《で》た
存在《そんざい》となった織田信長《おだのぶなが》は
琵琶湖畔《びわこはん》に安土城《あづちじょう》(近江八幡市《おうみはちまんし》)
を築《きず》き拠点《きょてん》とした
安土城《あづちじょう》

織田信長の統一　1568年に足利義昭を奉じて入京、1573年に義昭を追放し、室町幕府は滅亡した。70年には姉川の戦いで朝倉・浅井氏を倒し、75年に長篠の戦いで武田勝頼を破った。安土城を築城し統一を進めた。

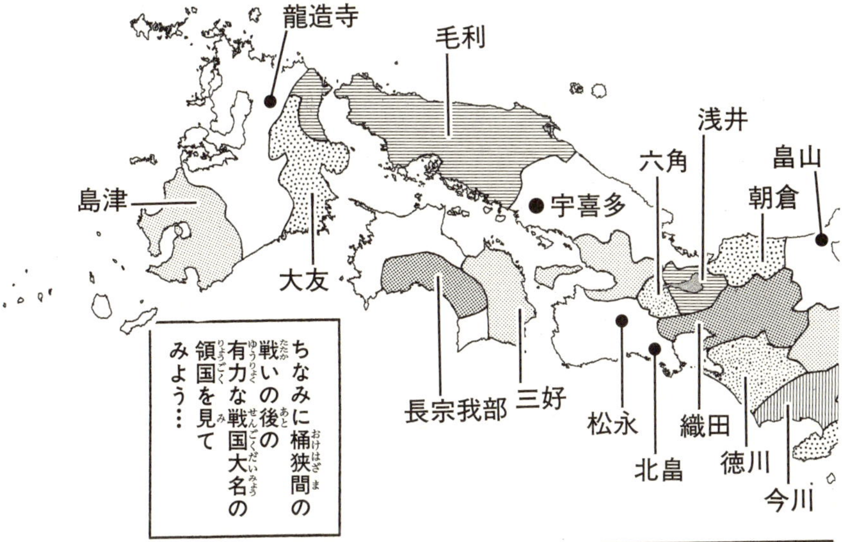
龍造寺
毛利
浅井
六角
畠山
朝倉
島津
宇喜多
大友
長宗我部
三好
松永
北畠
織田
徳川
今川
ちなみに桶狭間《おけはざま》の戦《たたか》いの後《あと》の有力《ゆうりょく》な戦国大名《せんごくだいみょう》の領国《りょうごく》を見《み》てみよう…

座《すわ》っていては話《はな》しづらいいいから立《た》て…
織田信長《おだのぶなが》
おそれ多《おお》いことながらでは…
羽柴秀吉《はしばひでよし》
桶狭間《おけはざま》以来《いらい》あっという間《ま》の十数年《じゅうすうねん》だった…
残《のこ》る大物《おおもの》は北条《ほうじょう》と毛利《もうり》だが…

織田信長の政策　経済政策として、楽市楽座令を発布、関所を廃止した。また、戦国大名を討って、その領地を占領するたびに指出検地を実施し、農民を把握した。

私《わたくし》めにまかせて下《くだ》されば…なあに三月《みつき》もあればカタがつくかと…
ハッハッハハハ
話半分《はなしはんぶん》としてもたのもしい
…ただし…
失敗《しっぱい》した場合《ばあい》にはこの首《くび》を―
人《ひと》の言《い》うことを先取《さきど》りするな
おまえの欠点《けってん》は頭《あたま》がまわりすぎることだ
申《もう》し訳《わけ》ありません
秀吉《ひでよし》は信長《のぶなが》に可愛《かわい》がられ小者《こもの》の身分《みぶん》から軍団長《ぐんだんちょう》になった出世頭《しゅっせがしら》だった
秀吉《ひでよし》は信長《のぶなが》の命《めい》により毛利討伐《もうりとうばつ》に出兵《しゅっぺい》した

★寧波の乱 1523年 以後罪(いごつみ)深い 寧波の乱

★キリスト教伝来 1549年 以後よく(いごよく) ひろがる キリスト教

そんなさなか一五八二年《ねん》秀吉《ひでよし》の陣地《じんち》に大変《たいへん》な知《し》らせが入《はい》った!!
殿《との》!!
ななにいっ!!
信長様《のぶながさま》が光秀《みつひで》に討《う》たれたと!!
光秀《みつひで》め……
全軍《ぜんぐん》ひき返《かえ》すぞ!!
仇《あだ》討《う》ちだ!! 光秀《みつひで》を討《う》つ!!

明智光秀《あけちみつひで》の突然《とつぜん》の叛心《はんしん》（本能寺《ほんのうじ》の変《へん》）を毛利攻撃《もうりこうげき》の出先《でさき》で聞《き》いた秀吉《ひでよし》は素早《すばや》かった ただちにとって返《かえ》し「山崎《やまざき》の合戦《かっせん》」で光秀《みつひで》を討《う》ちとったのだ
そして続《つづ》いて織田軍団《おだぐんだん》ナンバー1《ワン》の柴田勝家《しばたかついえ》をも下《くだ》して たちまちのうちに〝天下統一《てんかとういつ》〟の夢半《ゆめなか》ばで死《し》んだ信長《のぶなが》の後継者《こうけいしゃ》になった
ところでなぜ急《きゅう》に光秀《みつひで》は裏切《うらぎ》ったのだろう？
実《じつ》はよく分《わ》かっていないんだ
だが信長《のぶなが》のやり方《かた》は仏教《ぶっきょう》の聖域《せいいき》 比叡山《ひえいざん》の焼《や》き打《う》ちでも示《しめ》されたように叛《そむ》くものは皆殺《みなごろ》しと徹底《てってい》していたから光秀《みつひで》はノイローゼになっていたのかもしれないね
一五八五年《ねん》秀吉《ひでよし》は関白叙任《かんぱくじょにん》 一五八六年《ねん》には太政大臣《だいじょうだいじん》となり豊臣姓《とよとみせい》を名《な》のる 事実上《じじつじょう》の全国統一《ぜんこくとういつ》である…

そして秀吉《ひでよし》は
石山本願寺《いしやまほんがんじ》の跡《あと》に
壮大《そうだい》な大坂城《おおさかじょう》を
築城《ちくじょう》して本拠地《ほんきょち》
としていた

秀吉《ひでよし》は陽気《ようき》で
決《けっ》して無理《むり》をしない
性格《せいかく》だった
政治《せいじ》や戦《たたか》いのやり方《かた》も
信長《のぶなが》とは正反対《せいはんたい》だった
例《たと》えば一五九〇年《ねん》の
北条氏《ほうじょうし》が籠《こも》る小田原《おだわら》
攻《ぜ》めの場合《ばあい》など…
陸海《りくかい》から大軍勢《だいぐんぜい》で
城《しろ》を囲《かこ》んだまま
新造《しんぞう》した山城《やまじろ》に
関西《かんさい》から芸人《げいにん》を呼《よ》び
連日宴会《れんじつえんかい》を催《もよお》し…

豊臣秀吉の統一　明智光秀を1582年に山崎の戦い、柴田勝家を83年に賤ケ岳(しずがたけ)の戦い、北条氏を90年の小田原征伐で倒し、奥州平定も行って全国統一を成し遂げた。

北条《ほうじょう》が疲《つか》れるのを気長《きなが》に待《ま》った…
……
そうか そうか…
聞《き》け 皆《みな》の者《もの》!! とうとう北条《ほうじょう》は白旗《しろはた》をかかげたぞ!!
北条方《ほうじょうがた》に伝《つた》えよ!!
武器《ぶき》を捨《す》て城《しろ》を明《あ》け渡《わた》せば命《いのち》を保証《ほしょう》するとな…
さすが関白様《かんぱくさま》ほとんど血《ち》を流《なが》さず北条氏《ほうじょうし》を滅《ほろ》ぼされたぞ…

秀吉《ひでよし》の人心収攬術《じんしんしゅうらんじゅつ》とは？

★刀狩令 1588年 刀狩 以後は刃（いごはは）物の 所持厳禁

秀吉《ひでよし》は次々《つぎつぎ》と独創的《どくそうてき》な手《て》を打《う》った…一《ひと》つは〝太閤検地《たいこうけんち》〟
今度《こんど》 全《すべ》ての田《た》んぼの正確《せいかく》な広《ひろ》さを調《しら》べ直《なお》すこととなった
年貢《ねんぐ》も土地《とち》の面積《めんせき》ではなく収穫高《しゅうかくだか》に応《おう》じて計算《けいさん》される
おまけに自分《じぶん》が耕《たがや》す田《た》んぼは自分《じぶん》の持《も》ちものとなる
ほんとか!?
それが本当《ほんとう》ならありがたい

豊臣政権の経済政策　一地一作人の原則で土地・農民を掌握した検地帳を作成する太閤検地を実施。土地を石高で表示し、年貢率を二公一民とした。1588年刀狩令を発し、91年の身分統制令とともに兵農分離を促進。

本当《ほんとう》だ!!
関白様《かんぱくさま》は
百姓《ひゃくしょう》の出身《しゅっしん》だから
お前《まえ》たちの気持《きも》ちを
ちゃんとお分《わ》かり
なんだ
どうだ 思《おも》いやりが
あるだろう…
パチパチパチパチ
パチパチパチパチ
秀吉様《ひでよしさま》
バンザーイ
次《つぎ》に秀吉《ひでよし》が行《おこな》ったのは
百姓《ひゃくしょう》身分《みぶん》の者《もの》から
武器《ぶき》を取《と》り上《あ》げる
"刀狩令《かながりれい》"だ
無理《むり》をしなくても
いいのだ
武士《ぶし》か百姓《ひゃくしょう》か
自分自身《じぶんじしん》で選《えら》べる
のだ!
ただし 武器《ぶき》を
隠《かく》し持《も》ったまま
百姓《ひゃくしょう》はできないので
それだけは
覚悟《かくご》しておけよ

★文禄の役 1592年 異国に(いこくに)侵略 朝鮮出兵

さらに 全国平和宣言《ぜんこくへいわせんげん》ともいえる"惣無事令《そうぶじれい》"も出《だ》した 戦国《せんごく》は終《おわ》ったという ことから ありとあらゆる 戦争《いくさあらそ》いを禁止《きんし》した
加《くわ》えて 気宇壮大《きうそうだい》な 秀吉《ひでよし》は領土《りょうど》をひろげようと"朝鮮出兵《ちょうせんしゅっぺい》"まで強行《きょうこう》する もっともこれは勇《いさ》み足《あし》で 悪評《あくひょう》ふんぷん 惨敗《ざんぱい》を喫《きっ》するのだが…
大坂城《おおさかじょう》
その秀吉《ひでよし》が病《やまい》の床《とこ》についた
ハァ ハァ ハァ

豊臣政権の外交政策　九州平定の帰りに1587年伴天連(バテレン)追放令を発令、92年には朱印船制度を創設。1592、97年には肥前名護屋(なごや)を基地として朝鮮に出兵。文禄・慶長の役という。

徳川家康《とくがわいえやす》
前田利家《まえだとしいえ》
徳川殿《とくがわどの》 秀頼《ひでより》(秀吉《ひでよし》の子《こ》)のことをよろしく頼《たの》む
前田殿《まえだどの》 力《ちから》になってやってくれ…頼《たの》む… 頼《たの》む…
ガク
…秀頼《ひでより》を…ひ…で・よ・り…を…
秀吉《ひでよし》の最期《さいご》は一代《いちだい》の英雄《えいゆう》にしてはわびしいものだった
心配《しんぱい》したのは五十半《ごじゅうなか》ばを過《す》ぎての子《こ》どもだった秀頼《ひでより》の行《ゆ》く末《すえ》だった 死《し》の直前《ちょくぜん》に秀頼《ひでより》を支《ささ》えるべく五大老《ごたいろう》(トップは家康《いえやす》)五奉行《ごぶぎょう》の制度《せいど》をつくったのだが…

★慶長の役 1597年 以後苦難(いごくなん)の 慶長の役

秀吉《ひでよし》の死後《しご》
大坂城《おおさかじょう》は
さわがしく
なるんだな
・・
人《ひと》の業《ごう》というか
再《ふたた》び権力争《けんりょくあらそ》いが
始《はじ》まってしまうん
だな・・・
秀吉《ひでよし》の望《のぞ》みとは
裏腹《うらはら》に・・・
・・・・・・
のう三成殿《みつなりどの》・・・
けしからんと
思《おも》われぬか?
奴《やつ》らは
出《で》しゃばり
すぎだ!!
うむ・・・
何《なに》かというと
口《くち》をはさんで
くる・・・
石田三成《いしだみつなり》(五奉行《ごぶぎょう》の一人《ひとり》)
だいたい
秀頼様大事《ひでよりさまだいじ》
という心《こころ》が
欠《か》けている!!
淀殿《よどどの》(秀吉《ひでよし》の愛妻《あいさい》
秀頼《ひでより》の母《はは》)も怒《おこ》って
おられるよ
戦《いくさ》バカの
武骨者《ぶこつもの》たちが!!

……
ソロバンと帳面《ちょうめん》で世《よ》の中《なか》が動《うご》くものか!!
加藤清正《かとうきよまさ》
たかが奉行《ぶぎょう》の分際《ぶんざい》で…
自分《じぶん》を何様《なにさま》と思《おも》っているのだろう…
福島正則《ふくしままさのり》
三成《みつなり》の利巧《りこう》ぶった面《つら》を見《み》ると虫酸《むしず》が走《はし》るよ
浅野長政《あさのながまさ》

かねがね燻《くすぶ》っていた文吏派《ぶんりは》と武断派《ぶだんは》の対立《たいりつ》が表面化《ひょうめんか》したんだ…
…どう思《おも》われる？
わしに言《い》わせればどっちもどっち…頭《あたま》の痛《いた》いことだ泉下《せんか》で彼《か》の人《ひと》が泣《な》いておるよ…
徳川殿《とくがわどの》なにかいい知恵《ちえ》は？
前田殿《まえだどの》に出《で》ぬ知恵《ちえ》がこの家康《いえやす》から出《で》るはずがない…
それにしてもお顔《かお》の色《いろ》が悪《わる》いようだが？

ちと調子《ちょうし》が悪《わる》くて
大事《だいじ》になさって下《くだ》さいよ…仲裁者《ちゅうさいしゃ》はあなたしかいないのだから
心配《しんぱい》をかけて申《もう》し訳《わけ》ない…
利家《としいえ》はまもなく死《し》んだ…
家康《いえやす》は何年《なんねん》も前《まえ》から心中深《しんちゅうふか》く期《き》するものをもっていたんだ…
一六〇〇年《ねん》関《せき》ケ《が》原《はら》（美濃《みの》）

家康《いえやす》の天下取《てんかと》り…たった一日《いちにち》の関ケ原《せきがはら》の戦《たたか》い

ウヘェ――ッ‼ すげえ人数《にんずう》 とても数《かぞ》えきれない から両軍広報部発表《りょうぐんこうほうぶはっぴょう》を信《しん》じることに しよう
石田三成《いしだみつなり》 西軍《せいぐん》 八万《まん》四千《せん》
家康《いえやす》の東軍《とうぐん》 七万《まん》五千《せん》

こんなすごい人数《にんずう》になったのは理由《りゆう》がある天下《てんか》分《わ》け目《め》の と言《い》われたこの大合戦《だいがっせん》
実《じつ》は新《あたら》しく覇権《はけん》を打《う》ち立《た》てようとした徳川家康《とくがわいえやす》を支持《しじ》する勢力《せいりょく》と豊臣体制《とよとみたいせい》を持続《じぞく》させて生《い》きのびようとする勢力《せいりょく》のガチンコ勝負《しょうぶ》だったのだ だから全国《ぜんこく》の武士《ぶし》たちがそれぞれの思惑《おもわく》でどちらかに加担《かたん》したために大人数《おおにんずう》になったわけだ
だがいざ戦《たたか》いのフタをあけてみるとわずか一日《いちにち》で戦闘《せんとう》にケリがついたんだ

★徳川家康征夷大将軍就任　1603年　家康が異論抑(いろんおさ)えて　江戸幕府

家康《いえやす》の東軍《とうぐん》の勝《か》ちと決《き》まり石田三成《いしだみつなり》は捕《とら》えられ
首《くび》をチョン…さ
関ケ原《せきがはら》で勝利《しょうり》した家康《いえやす》は征夷大将軍《せいいたいしょうぐん》となりかねてより領地《りょうち》であった江戸《えど》に幕府《ばくふ》を開《ひら》いた（一六〇三年《ねん》）
家康《いえやす》はここで政治《せいじ》と社会《しゃかい》の体制《たいせい》を着々《ちゃくちゃく》と整備《せいび》していった
上様《うえさま》将軍《しょうぐん》となられたからにはここ江戸城《えどじょう》を幕府《ばくふ》にふさわしい城《しろ》に改築拡張《かいちくかくちょう》しましょう
それを手助《てだす》けしたのが三河《みかわ》以来《いらい》の忠臣本多正信《ちゅうしんほんだまさのぶ》である
本多正信《ほんだまさのぶ》
うむ…その工事《こうじ》は全国《ぜんこく》の諸大名《しょだいみょう》にやらせれば…

徳川家康の全国統一　1600年の関ケ原の戦いをへて、03年に征夷大将軍に就任、のち将軍職を秀忠に譲り大御所となる。14、15年の大坂の役が終り、元和偃武(げんなえんぶ)とよばれる平和な時代が到来。

★糸割符制開始 1604年 色は白(いろはし)いぞ 糸割符

諸大名《しょだいみょう》の忠誠心《ちゅうせいしん》が計《はか》れるということですな
それに金《かね》を使《つか》わさせれば力《ちから》をそぐことにもなる
それともう一《ひと》つ各大名《かくだいみょう》たちの区別《くべつ》と将軍家《しょうぐんけ》と家臣団《かしんだん》の関係《かんけい》をはっきりさせようと思《おも》う…
エヘン わしは徳川将軍家《とくがわしょうぐんけ》の近《ちか》しい親戚《しんせき》であるだから〝親藩《しんぱん》〟である
もっともわれらが中《なか》では格上《かくうえ》の〝御三家《ごさんけ》〟尾張《おわり》・水戸《みと》・紀伊《きい》の家格《かかく》もあるがな
エー 三河以来《みかわいらい》の長《なが》い御奉公《ごほうこう》と手柄《てがら》を認《みと》められた〝譜代大名《ふだいだいみょう》〟である
私《わたし》は…皆様《みなさま》には遅《おく》れたが家康殿《いえやすどの》をこれぞ天下人《てんかびと》と見込《みこ》んで関ケ原《せきがはら》で御味方《おみかた》した〝外様大名《とざまだいみょう》〟じゃ
関ケ原《せきがはら》では西軍《せいぐん》につき負《ま》け戦《いくさ》でした
ですがすぐに反省《はんせい》しました〝外様《とざま》〟の末席《まっせき》でして…
残念《ざんねん》ながら我《わ》が所領《しょりょう》は五千七百石《ごせんななひゃっこく》で大名《だいみょう》にはなりそこねたが江戸《えど》に住《す》んで将軍家《しょうぐんけ》の戦闘集団《せんとうしゅうだん》としての睨《にら》みをきかすつもり
〝直参旗本《じきさんはたもと》〟でござる!!

江戸幕府の組織　当初は庄屋仕立てと言われたが、中央には大老・老中・若年寄をおき、寺社奉行・勘定奉行・江戸町奉行を設置した。地方には京都所司代、大坂城代、遠国(おんごく)奉行も整備された。

★幕府　天領に禁教令　1612年　広い日(ひろいに)本に　禁教令

直参《じきさん》は常《つね》に江戸《えど》城《じょう》に詰《つ》めさせる それらには奉行《ぶぎょう》などをやらせ 「譜代大名《ふだいだいみょう》」には老中《ろうじゅう》など幕閣《ばっかく》を担《にな》わせようと思《おも》う
将軍《しょうぐん》
大老《たいろう》 老中《ろうじゅう》 若年寄《わかどしより》など
譜代大名《ふだいだいみょう》
大目付《おおめつけ》 町奉行《まちぶぎょう》 勘定奉行《かんじょうぶぎょう》 など
直参《じきさん》
だが「外様大名《とざまだいみょう》」や「親藩《しんぱん》」には政治的権限《せいじてきけんげん》は与《あた》えないつもりだ
なるほど「親藩《しんぱん》」と「外様《とざま》」は領地《りょうち》が多《おお》くても良《よ》いが権限《けんげん》はない 「譜代《ふだい》」は権限《けんげん》はあるが領地《りょうち》が少《すく》ない
これなら反乱《はんらん》をおこすことはムリですな…
どうだ? 完璧《かんぺき》なしくみだろ?
ちなみに一万石《いちまんごく》以上《いじょう》を大名《だいみょう》というのだが 江戸《えど》中期《ちゅうき》には全国《ぜんこく》に三千万石《さんぜんまんごく》くらいあった うち七百万石《ななひゃくまんごく》が幕府《ばくふ》の直轄地《ちょっかつち》(天領《てんりょう》)だった 大変《たいへん》な権力《けんりょく》だよ
一石《いっこく》とは一年《いちねん》で一人《ひとり》の人間《にんげん》が食《た》べる米《こめ》の量《りょう》だ 当時《とうじ》の人口《じんこう》約三千万人《やくさんぜんまんにん》が なんとか生《い》きていけたんだ
あっ 言《い》い忘《わす》れたが 七百万石《ななひゃくまんごく》の直轄地《ちょっかつち》のうち四百万石《よんひゃくまんごく》が将軍家《しょうぐんけ》の取《と》り分《ぶん》で 三百万石《さんびゃくまんごく》が直参《じきさん》の給料《きゅうりょう》となった

三代《さんだい》の武断政治《ぶだんせいじ》…〝完全《かんぜん》〟な支配組織《しはいそしき》

家康《いえやす》・秀忠《ひでただ》・家光《いえみつ》と三代《さんだい》の将軍《しょうぐん》は強大《きょうだい》な権力《けんりょく》をバックに政治《せいじ》を行《おこな》い幕府《ばくふ》の基礎《きそ》を固《かた》めた
諸国大名《しょこくだいみょう》の力《ちから》を削《そ》ぐため各種《かくしゅ》の法律《ほうりつ》が作《つく》られた
トントントントン
トンカン
ハア〜〜もったいないなァ
なんで苦労《くろう》して造《つく》った城《しろ》を取《と》りこわすんだ？

★慶長遣欧使節（支倉常長）1613年　常長は　一路勇ん（いちろいさん）で　ヨーロッパ

江戸幕府の基盤　天領・旗本知行地（ちぎょうち）・都市・鉱山などの直轄地を経済的基盤とし、旗本・御家人と大名からの軍役を軍事的基盤とした。

※参勤交代が正式に制度化されたのは3代将軍家光の時である。

江戸《えど》は遠《とお》いなァ
国《くに》を出《で》てもう十日《とおか》だ女房《にょうぼう》が恋《こい》しくなったよ…
泣《な》きごとを言《い》うなそんなんじゃ一年《いちねん》もたないぞ!!
江戸《えど》に着《つ》いたらわが藩《はん》に割《わ》り当《あ》てられた土木工事《どぼくこうじ》だのなんだの厳《きび》しい仕事《しごと》をやらされるんだぞ…
殿様《とのさま》も物入《ものい》りだよ金《かね》をいっぱい使《つか》わせられて…
幕府《ばくふ》は我々《われわれ》に謀反《むほん》をおこさせないようにしてるんだ
でも仕方《しかた》あるまい今《いま》の幕府《ばくふ》には逆《さか》らえないさ
こうしたことの多《おお》くは〝武家諸法度《ぶけしょはっと》〟で決《き》められたわけだこの厳《きび》しい法律《ほうりつ》にちょっとでも違反《いはん》した大名《だいみょう》には改易《かいえき》(取《と》りつぶし)転封《てんぽう》(国替《くにが》え)減封《げんぽう》(領地削減《りょうちさくげん》)という処分《しょぶん》がくだされた…

★元和の武家諸法度 1615年 大名の異論以後(いろんいご)なし 元和令

江戸幕府の大名対策　大名は親藩、譜代大名、外様大名に分類され、婚姻の許可制、居城の新築禁止、末期養子の禁止等を定めた元和の武家諸法度(1615年)により規制された。35年、家光が定めた寛永令で参勤交代も追加。

★ヨーロッパ船の寄港地を平戸と長崎に限定　1616年　いろいろ(いろいろ)寄れない　欧州船

また こんなのもある「末期養子《まつごようし》の禁《きん》」つまり死《し》ぬ直前《ちょくぜん》の養子《ようし》はダメ
後継《あとつ》ぎを作《つく》れない奴《やつ》は大名失格《だいみょうしっかく》
さらに「禁中並公家《きんちゅうならびにくげ》諸法度《しょはっと》」これは天皇《てんのう》や朝廷《ちょうてい》は幕府《ばくふ》のやることに口《くち》を出《だ》すなってこと
庶民相手《しょみんあいて》では必《かなら》ず寺《てら》の檀徒《だんと》にならなければならないという「寺請制度《てらうけせいど》」たまに旅行《りょこう》する時《とき》にも「寺請証文《てらうけしょうもん》」という許可証《きょかしょう》が必要《ひつよう》
田畑《たはた》を売《う》るなという「田畑永代売買《でんぱたえいたいばいばい》の禁《きん》」
朝《あさ》は早《はや》く起《お》きろ
夜《よる》には縄《なわ》をなえなんていう生活指導《せいかつしどう》「慶安《けいあん》の御触書《おふれがき》」も
いやはや法律《ほうりつ》のオンパレードだ
封建体制《ほうけんたいせい》確立《かくりつ》へむけての幕府《ばくふ》の政治《せいじ》は完璧《かんぺき》ともいえた…
フー息苦《いきぐる》しい我輩《わがはい》カラスでよかった…

江戸幕府の朝廷・寺社対策　朝廷に対しては1615年に禁中並公家諸法度を定め、監視役として京都所司代を設置。寺院に対しては、本山末寺(ほんざんまつじ)の制、寺院法度で規制。

余談《よだん》だが 江戸城《えどじょう》の拡張工事《かくちょうこうじ》は 家光《いえみつ》の時代《じだい》に完成《かんせい》した
信綱《のぶつな》 そろそろ外国《がいこく》との 貿易《ぼうえき》を幕府直轄《ばくふちょっかつ》 にしようと 思《おも》うのだが…
頃合《ころあい》かも しれません 上様《うえさま》
港《みなと》は 長崎《ながさき》だけにして 交易《こうえき》の相手《あいて》も オランダと中国《ちゅうごく》に しぼっては？
うむ…
老中《ろうじゅう》 松平信綱《まつだいらのぶつな》
将軍《しょうぐん》 徳川家光《とくがわいえみつ》
法律《ほうりつ》も沢山《たくさん》つくり 世《よ》の中《なか》は安定《あんてい》してきた 無理《むり》をしてまで 多《おお》くの国《くに》とつき合《あ》う 必要《ひつよう》もあるまい

江戸幕府の農民対策　五人組制度や寺請制度で支配し、1643年の田畑永代売買の禁令、49年の慶安の御触書、73年の分地制限令などの法令で農民を統制した。

★奉書船以外の海外渡航禁止 1633年 一路さんざん（いちろさんざん）奉書船

それに気《き》がかりなのは…
耶《ヤ》蘇《ソ》教《きょう》（キリスト教《きょう》）ですな
布《ふ》教《きょう》に熱《ねっ》心《しん》なポルトガルの狙《ねら》いは…
オランダの言《い》う通《とお》り交易《こうえき》というのは表《おもて》むきのことで本当《ほんとう》は我《わ》が国《くに》の侵略《しんりゃく》では…？
その通《とお》りだ!!
一六三六年《ねん》 長崎《ながさき》出島《でじま》完成《かんせい》 一六三九年《ねん》 ポルトガル人《じん》の来航《らいこう》を禁止《きんし》した
だが すべての貿易《ぼうえき》を禁止《きんし》したわけではない 長崎口《ながさきぐち》に加《くわ》えて※薩摩口《さつまぐち》 対馬口《つしまぐち》 松前口《まつまえぐち》の四《よっ》つは開《ひら》いていた

★日本人の海外渡航帰国の全面禁止 1635年 広く見事（ひろくみごと）な 鎖国令

※薩摩口は琉球、対馬口は朝鮮、松前口は蝦夷地が交易相手だった。

江戸初期の外交　朝鮮との国交を回復し通信使の来日が決まった。オランダ・イギリスとの通商も開始し、広く東南アジアまで朱印船貿易などを行い、親善外交を展開した。

父《とう》ちゃん寒《さむ》いね
四月《しがつ》に雪《ゆき》が降《ふ》るとはな…
しかも三日《みっか》も降《ふ》り続《つづ》くとは…
どうやら十七世紀《じゅうななせいき》も半《なかば》を過《す》ぎてから地球《ちきゅう》は寒冷化《かんれいか》してるみたいだなァ…?
ヤタガラスさん!!
今《いま》ヨーロッパから帰《かえ》ってきたところなんだけど
あっちもかなり大変《たいへん》なことになってるよ
大変《たいへん》なことって?
イギリスの各地《かくち》で市民革命《しみんかくめい》がおこっているんだ
革命《かくめい》!!なんで?

★島原の乱 1637年 一路みんな(いちろみんな)で 島原の乱

★オランダ人出島にうつす 1641年 登録し一緒に(とうろくしい)住ませる オランダ人

寒《さむ》くなると農作物《のうさくぶつ》の生産《せいさん》が少《すく》なくなるだろう
そうなると市民《しみん》や農民《のうみん》が満足《まんぞく》に食《た》べられなくなるんだ
分《わ》かる‼ オイラもハラが減《へ》ったらあばれたくなっちゃうよ
それで革命《かくめい》がおこってるんだ…日本《にほん》も心配《しんぱい》だね…

日本《にほん》も例外《れいがい》ではなかった 農作物《のうさくぶつ》の不作《ふさく》が何年《なんねん》も続《つづ》き必然的《ひつぜんてき》に税収《ぜいしゅう》が少《すく》なくなり財政状態《ざいせいじょうたい》が切迫《せっぱく》した

※武士はクビになっても農民や商人にはなれなかった。

加《くわ》えて「武家諸法度《ぶけしょはっと》」による大名《だいみょう》の改易《かいえき》(藩《はん》の取《と》りつぶし)が相次《あいつ》ぎ ※失職《しっしょく》した牢人《ろうにん》が全国《ぜんこく》にあふれた

★田畑永代売買の禁令 1643年 田畑の 売買禁令 人無視さ(ひとむしさ)

未遂《みすい》に終《おわ》ったが
牢人《ろうにん》たちの反乱《はんらん》
(由井正雪《ゆいしょうせつ》の乱《らん》)が
摘発《てきはつ》され
大火事《おおかじ》(明暦《めいれき》の大火《たいか》)が
江戸《えど》の町《まち》を焼《や》き尽《つ》くして
世情《せじょう》は騒然《そうぜん》とする
江戸城《えどじょう》の天守《てんしゅ》も落《お》ちた
幕府《ばくふ》は武断政治《ぶだんせいじ》
からの転換《てんかん》を
迫《せま》られた——
……
これまで通《どお》りの
やり方《かた》では
もう駄目《だめ》なのでは
ないだろうか…
そうですなあ…
いろんな
無理《むり》が重《かさ》なって
いるようで…

文治政治《ぶんちせいじ》へ…〝財政破綻《ざいせいはたん》〟の始《はじ》まり

★由井正雪の乱　1651年　ひとむごい（ひとむごい）ねと　正雪の乱

わしはまだ若年《じゃくねん》正之《まさゆき》いい手立《てだ》てを考《かんが》えてくれ…
…そうですなァ…
四代将軍《よんだいしょうぐん》 徳川家綱《とくがわいえつな》
会津藩主《あいづはんしゅ》 保科正之《ほしなまさゆき》
武家諸法度《ぶけしょはっと》の規則《きそく》を緩《ゆる》めてみてはどうでしょうか?
問題《もんだい》なのは末期養子《まつごようし》の禁《きん》
せめて五十歳《ごじゅっさい》ぐらいまでは末期養子《まつごようし》を許《ゆる》すとか…

家綱の文治政治　1651年の由井正雪の乱を機に、武断政治から文治政治に転換し、末期養子の禁緩和、殉死（じゅんし）・人質の禁止を行った。

兄弟《きょうだい》でも 養子《ようし》にすれば 可《か》とするとか…
治安《ちあん》の面《めん》からも これ以上《いじょう》牢人《ろうにん》を 増《ふ》やすわけには いきません
……
火事《かじ》への備《そな》えも 考《かんが》えなければ いけません 幕府《ばくふ》が金《かね》を 出《だ》して家々《いえいえ》の 間《あいだ》に空地《あきち》を いわば火《ひ》よけ地《ち》を 作《つく》りましょう
確《たし》かに その通《とお》りだ
ピクピク
アッ 上様《うえさま》!!
!!
グイ
ぴちょん

★生類憐みの令 1687年 人禄離(ひとろくはな)れて 憐みの令

あっ!!
あーっ
プチッ
家綱《いえつな》は短命《たんめい》だった
子《こ》どもがなかったので養子《ようし》にした弟《おとうと》の綱吉《つなよし》が第五《だいご》代将軍《しょうぐん》になったんだが…
皮肉《ひにく》なものさ末期《まつご》養子《ようし》の規則《きそく》を緩《ゆる》めておかなければ将軍家《しょうぐんけ》そのものが改易《かいえき》されるところだったんだ

★元禄金銀鋳造 1695年 広く困(ひろくこ)らす 元禄金銀

犬《いぬ》を大事《だいじ》に
したことで有名《ゆうめい》な
この綱吉《つなよし》って人《ひと》
なかなかの
学問《がくもん》(儒学《じゅがく》)好《ず》きで
家臣《かしん》にも講義《こうぎ》
するほどの
打《う》ち込《こ》みよう
だった
エー 君臣《くんしん》の別《べつ》
男女《だんじょ》の別《べつ》 そして
父祖《ふそ》を敬《うやま》う心《こころ》…
これらは
人《ひと》としての
基本《きほん》…
五代将軍《ごだいしょうぐん》 徳川綱吉《とくがわつなよし》
どうなってんの?
将軍自《しょうぐんみずか》らが
講義《こうぎ》なんて…
お主《ぬし》は
まだいいよ
こっちは
三十回目《さんじゅっかいめ》だぜ
シーッ
上様《うえさま》が睨《にら》んで
おられるぞ
!!
ドキッ

綱吉の文治政治　側用人柳沢吉保を重用し、譜代勢力を抑えた。湯島聖堂を建て林信篤を大学頭に登用、学問を奨励し生類憐みの令を出した。また、勘定吟味役荻原重秀の献策で貨幣を改鋳した。

★海船互市新例 1715年 いいな以後(いいないご)より 互市新例

最後《さいご》はねじ曲《まが》って
「お犬《いぬ》さま」だけに
絞《しぼ》られたが
「生類憐《しょうるいあわれ》みの令《れい》」は
もともと生《い》きものを
あわれみましょう
殺生《せっしょう》をやめま
しょうという
文治政策《ぶんちせいさく》の一《ひと》ツ
だったんだ
綱吉《つなよし》はまた
財政再建《ざいせいさいけん》のために
金《きん》の含有量《がんゆうりょう》を減《へ》らした
貨幣改鋳《かへいかいちゅう》などもやった
インフレがひどく
なっただけだけど…

※朝鮮通信使とは、朝鮮から日本に派遣された使節だが、その多額の経費は幕府が負担していた。

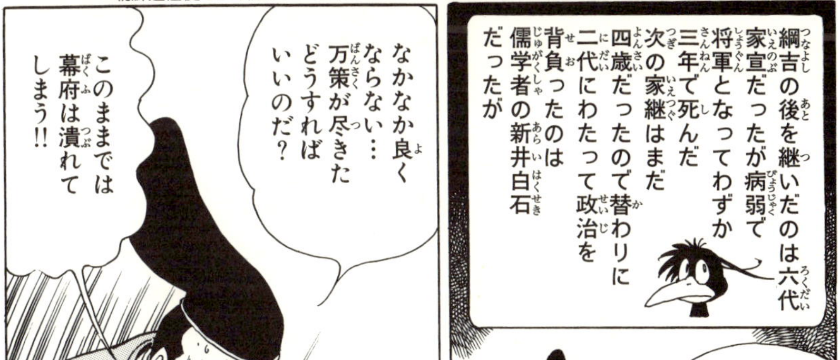
綱吉《つなよし》の後《あと》を継《つ》いだのは六代《ろくだい》
家宣《いえのぶ》だったが病弱《びょうじゃく》で
将軍《しょうぐん》となってわずか
三年《さんねん》で死《し》んだ
次《つぎ》の家継《いえつぐ》はまだ
四歳《よんさい》だったので替《か》わりに
二代《にだい》にわたって政治《せいじ》を
背負《せお》ったのは
儒学者《じゅがくしゃ》の新井白石《あらいはくせき》
だったが
※朝鮮通信使《ちょうせんつうしんし》の
待遇《たいぐう》も簡素化《かんそか》した
貨幣《かへい》も元《もと》に戻《もど》した
ずいぶん倹約《けんやく》もした
…が
なかなか良《よ》く
ならない…
万策《ばんさく》が尽《つ》きた
どうすれば
いいのだ?
このままでは
幕府《ばくふ》は潰《つぶ》れて
しまう!!
新井白石《あらいはくせき》

正徳の治　6代家宣、7代家継2代に、側用人間部詮房とともに新井白石が行った政治。良質の正徳金銀に改鋳、海舶互市新例による長崎貿易の制限、朝鮮通信使の待遇を簡素化するなどしたが、吉宗により退けられた。

第六章《だいろくしょう》　三《みっ》つの幕政改革《ばくせいかいかく》と大飢饉《だいききん》

新井白石《あらいはくせき》の改革《かいかく》も
ゆきづまり
七代将軍《ななだいしょうぐん》「家継《いえつぐ》」も
幼《おさな》くして（七歳《ななさい》）死《し》に
徳川《とくがわ》の直系《ちょっけい》が絶《た》えたが
―
パカッパカッパカッ
ピューン

ブギュウッ
次《つぎ》の八代将軍《はちだいしょうぐん》に就《つ》いたのは御三家《ごさんけ》の一《ひと》つ紀州和歌山藩《きしゅうわかやまはん》の藩主《はんしゅ》だった徳川吉宗《とくがわよしむね》である小説《しょうせつ》やドラマでお馴染《なじみ》の〝暴《あば》れん坊将軍《ぼうしょうぐん》〟のモデルである…
上様《うえさま》おみごとでございます
なんの…
まことに喜《よろこ》ぶべきは政治《まつりごと》で的《まと》を射《い》った時《とき》だ!!
「出《で》る」を減《へ》らそうとしても限度《げんど》があるそんな消極策《しょうきょくさく》ではダメなのだ!!
「入《い》る」を増《ふ》やすのだ!!

享保の改革① 8代将軍徳川吉宗が家康時代への復帰を目指し、政治の刷新をすすめ、これまでの法令をまとめた公事方御定書(くじかたおさだめがき)を制定するなど、意欲的に政治改革を行った。

入《い》りを増《ふ》やす改革《かいかく》…農業《のうぎょう》の吉宗《よしむね》と商業《しょうぎょう》の田沼意次《たぬまおきつぐ》

通称《つうしょう》「米将軍《こめしょうぐん》」と
呼《よ》ばれた吉宗《よしむね》の
財政再建策《ざいせいさいけんさく》の目玉《めだま》は
農業《のうぎょう》の立《た》て直《なお》し
特《とく》に新田《しんでん》の開発《かいはつ》だった

享保の改革②　新田開発を奨励し、基本税率を引き上げて五公五民とし、過去の年貢高をもとに税率を一定にする定免法も採用した。

★享保の改革開始 1716年 吉宗の 非難いろ(ひなんいろ)いろ 享保改革

水《みず》はどこから引《ひ》くのか？
ヘイ
その先《さき》に滝《たき》がありますから
よしよし
収穫《しゅうかく》の減少《げんしょう》のため税率《ぜいりつ》はかつての四公六民《しこうろくみん》から五公五民《ごこうごみん》に上《あ》げていた…
吉宗《よしむね》は税率《ぜいりつ》を上《あ》げるだけでなく収穫《しゅうかく》そのものも増《ふ》やそうとしたのである

★相対済まし令　1719年　いいないく(いいないく)らか　済まし令

新田開発《しんでんかいはつ》はどうなっている?
順調《じゅんちょう》にいっております
まもなく農地《のうち》は家康様《いえやすさま》の二倍《にばい》になろうかと予想《よそう》できます
ということは全国《ぜんこく》で農地《のうち》が三百万町歩《さんびゃくまんちょうぶ》になるということだな…
はい
税収《ぜいしゅう》も確実《かくじつ》に増《ふ》えてきており
これで幕府《ばくふ》の財政《ざいせい》も安泰《あんたい》かと…
余《よ》はうれしいぞ…だが まだまだゆだんをしてはならぬ…
吉宗《よしむね》の新田開発《しんでんかいはつ》で税収《ぜいしゅう》は増《ふ》え幕府《ばくふ》の金庫《きんこ》には百万両《ひゃくまんりょう》の金《かね》が積《つ》まれた

だが デメリットも大《おお》きかった
皮肉《ひにく》なことだ…
田《た》んぼを作《つく》ったかわりに肥料《ひりょう》に不自由《ふじゆう》するとはなァ——
あの新田《しんでん》あたりはもともとわしらが雑木《ぞうき》を焼《や》いて灰《はい》の肥料《ひりょう》（草木灰《そうもくばい》）を作《つく》った土地《とち》だ
うかつだったよ
こうなると銭《ぜに》を払《はら》って鰯《いわし》とか菜種油《なたねあぶら》のカス（金肥《きんぴ》という）を買《か》わなきゃならねぇ
えらいこった
おまけに農具《のうぐ》だって新田開発《しんでんかいはつ》でボロボロ買《か》い替《か》えなければ…
今迄《いままで》はお金《かね》なんてなくてもやっていけたのに…

それに とれすぎて 米《こめ》の値段《ねだん》がだいぶ 下《さ》がったらしいぜ…
それは こまるよ
なんで そう なるの？
モノがあふれれば 値段《ねだん》が下《さ》がるのは 経済《けいざい》の原則《げんそく》だ しかも米《こめ》は安《やす》くなって も他《ほか》の商品《しょうひん》の流通《りゅうつう》が 勢《いきお》いづき物価《ぶっか》が 高騰《こうとう》した
貨幣経済《かへいけいざい》が 浸透《しんとう》していく
吉宗《よしむね》はすかさず 手《て》を打《う》った 米市場《こめいちば》を作《つく》り 同業者組合《どうぎょうしゃくみあい》とも いえる〝株仲間《かぶなかま》〟を認《みと》めて米価《べいか》の 安定維持《あんていいじ》を はかった

★目安箱設置　1721年　吉宗は　非難に一応（ひなんにいち）目安箱

享保の改革③　堂島の米市場を公認して米価の安定に力を注いだ。また漢訳洋書の輸入の制限も緩めて農業技術を研究させるなど、農業を重視して米将軍と呼ばれた。

★公事方御定書 1742年 ひとでなしに(ひとでなしに)は 御定書

〝上米《あげまい》の制《せい》〟を出《だ》す!!
(大名《だいみょう》たちが収入《しゅうにゅう》の百分《ひゃくぶん》の一《いち》を幕府《ばくふ》へ上納《じょうのう》すれば参勤交代《さんきんこうたい》の江戸在府《えどざいふ》期間《きかん》を短縮《たんしゅく》する)
〝定免法《じょうめんほう》〟も出《だ》す
(毎年《まいとし》の収穫高《しゅうかくだか》によって税率《ぜいりつ》を定《さだ》めていた〝検見法《けみほう》〟をやめ常《つね》に一定《いってい》の年貢率《ねんぐりつ》とする)
つまり幕府《ばくふ》が米価《べいか》を調節《ちょうせつ》することで幕府《ばくふ》の財政基盤《ざいせいきばん》を安定《あんてい》させるのだ!!
はは ――っ
なお小《ちい》さなことかもしれないが節約《せつやく》のために…
大奥《おおおく》の三千人《さんぜんにん》の女性《じょせい》を美人《びじん》の順《じゅん》にリストラする
?
な…なぜ美人《びじん》から?
美人《びじん》なら嫁《よめ》の行《い》き先《さき》があるであろう

享保の改革④　足高(たしだか)の制で積極的に人材登用を行い、広く意見を募る目安箱を設置した。この目安箱の意見をもとにつくられたのが小石川養生所。

吉宗《よしむね》は更《さら》に自《みずか》ら粗末《そまつ》な麻《あさ》の衣服《いふく》を愛用《あいよう》して節約《せつやく》の範《はん》をたれた
だがこれらの「重農政策《じゅうのうせいさく》」は思《おも》ったほどの効果《こうか》はあげなかった…
……
……
新田開発《しんでんかいはつ》は正《ただ》しかったのか…
間違《まちが》っていたのでは…

吉宗《よしむね》は悩《なや》み続《つづ》けた
あたかもハムレットのように
生真面目《きまじめ》な人柄《ひとがら》だった
そんな折《お》り 再《ふたた》び
西日本《にしにほん》を中心《ちゅうしん》に
大冷害《だいれいがい》が
発生《はっせい》した
ピューーウウー

こりゃひでえ
「享保《きょうほう》の大飢饉《だいききん》」だ
これ本当《ほんとう》の話《はなし》・・・
吉宗《よしむね》の努力《どりょく》は水泡《すいほう》に帰《き》した
金《かね》は持《も》っているのに買《か》う米《こめ》がみつからなくて飢《う》え死《じ》にした人《ひと》まで出《で》た

吉宗《よしむね》の死後《しご》 九代家重《きゅうだいいえしげ》 十代家治《じゅうだいいえはる》が続《つづ》いて将軍《しょうぐん》 となるが自《みずか》らは政治《せいじ》は 行《おこな》わず 田沼意次《たぬまおきつぐ》を 中心《ちゅうしん》とした老中《ろうじゅう》たちが 政治《せいじ》をまかされた…
今《いま》や貯《たくわ》えも 底《そこ》をつき財政《ざいせい》は 火《ひ》の車《くるま》です 何《なに》か良《よ》い考《かんが》えは ござらぬか？
老中会議《ろうじゅうかいぎ》
この際《さい》「重商主義《じゅうしょうしゅぎ》」の 施策《しさく》をしてはいかが でしょうな？
まずは手《て》はじめに 長崎《ながさき》での貿易《ぼうえき》に 力《ちから》を入《い》れてみましょう それから株仲間《かぶなかま》を 奨励《しょうれい》し物価《ぶっか》の 安定《あんてい》を図《はか》りま しょう…
老中《ろうじゅう》 田沼意次《たぬまおきつぐ》
そりゃ いい!!
農業《のうぎょう》でダメなら 商業《しょうぎょう》でという訳《わけ》 ではないが それは 新《あたら》しい手《て》だ…
やってみま しょう!!

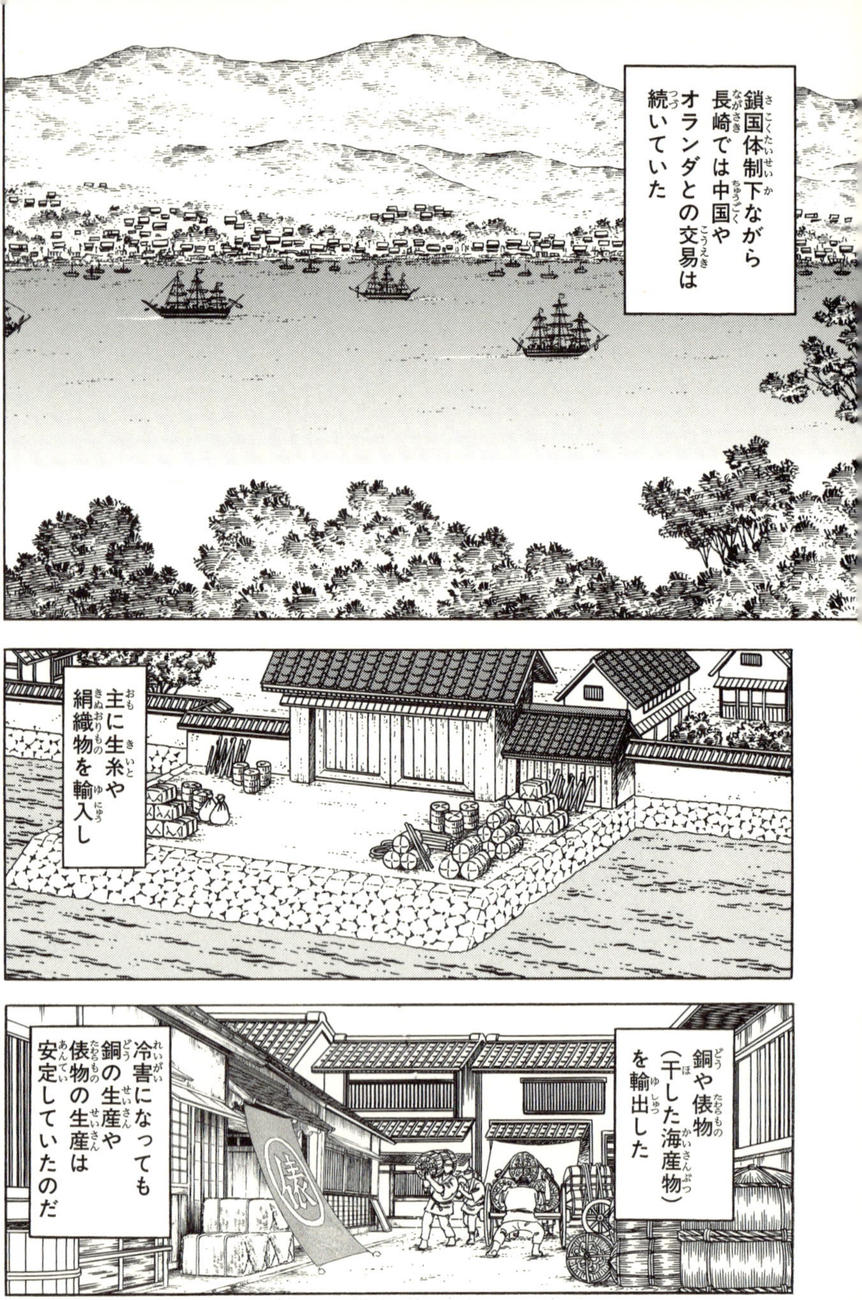
鎖国体制下《さこくたいせいか》ながら
長崎《ながさき》では中国《ちゅうごく》や
オランダとの交易《こうえき》は
続《つづ》いていた
主《おも》に生糸《きいと》や
絹織物《きぬおりもの》を輸入《ゆにゅう》し
銅《どう》や俵物《たわらもの》
（干《ほ》した海産物《かいさんぶつ》）
を輸出《ゆしゅつ》した
冷害《れいがい》になっても
銅《どう》の生産《せいさん》や
俵物《たわらもの》の生産《せいさん》は
安定《あんてい》していたのだ
俵

そのために田沼《たぬま》は
銅山《どうざん》の開発《かいはつ》や
蝦夷地《えぞち》探検《たんけん》に
力《ちから》をそそいだ
みんなしっかり働《はたら》いてくれよ何《なに》がなんでも輸出《ゆしゅつ》を増《ふ》やすのだ!!
老中《ろうじゅう》田沼様《たぬまさま》が商業《しょうぎょう》を奨励《しょうれい》しておられるんだ!!
お役人様《やくにんさま》これを見《み》てください
なになに…フカヒレにアワビ…
それに昆布《こんぶ》か…
みんな中国《ちゅうごく》料理《りょうり》の材料《ざいりょう》ではないか…?
蝦夷地《えぞち》(北海道《ほっかいどう》)でとれた食品《しょくひん》ですフカヒレなど中国《ちゅうごく》にはあまりありませんからあちらは大喜《おおよろこ》びです

田沼政治①　老中田沼意次が10代家治時代に商業資本を積極的に活用した財政再建を図った。直営の座による専売制の拡大、株仲間の奨励、長崎貿易の拡大など一定の成果が見られた。

そうか そんなに中国《ちゅうごく》で 喜《よろこ》ばれて いるのか…
だったら これらの輸出《ゆしゅつ》を どんどん増《ふ》やさ なければならぬな…
そして どんどん 稼《かせ》げ!!
はい!!
田沼《たぬま》の 思《おも》わく通《どお》り 商業《しょうぎょう》は 徐々《じょじょ》に栄《さか》えて いったんだが …ねェ…
どうも どうも…

この度《たび》は私《わたし》どもの株仲間《かぶなかま》を許可《きょか》していただきましてまことに有難《ありがと》うございました
つきましては…
これ
はい
んっ何《なん》だこれは？
へへへ…上納金《じょうのうきん》と言《い》いますか御礼《おれい》と言《い》いますか株仲間《かぶなかま》一同《いちどう》のほんの気持《き》ちでして…
そ…そうかわるいな…
次《つぎ》もまたよろしくお願《ねが》いいたします
うむ…
あらら……

田沼政治②　商業資本と結んだことで、賄賂の横行、特権商人の成長など問題も拡大し、浅間山の噴火による天明の大飢饉と相まって社会が混乱し、田沼は失脚した。

見《み》なかったことにしてやろう…か
役得《やくとく》ってあるものな…
御礼《おれい》が増《ふ》え続《つづ》け それは役得《やくとく》という レベルでなくなった
田沼《たぬま》はイケメンだし 頭《あたま》もよく気《き》っぷもよかったから 人気者《にんきもの》となった
そして田沼《たぬま》に何《なに》かを頼《たの》めば必《かなら》ずやってくれるという噂《うわさ》がひろがり
何《なに》しろ田沼《たぬま》が朝《あさ》「あっカステラが食《く》いたい」と呟《つぶや》けば…
昼《ひる》にはたくさんのカステラが届《とど》いたというからスゴイ
田沼《たぬま》は最後《さいご》には〝賄賂《わいろ》の田沼《たぬま》〟とさえ言《い》われたらしい

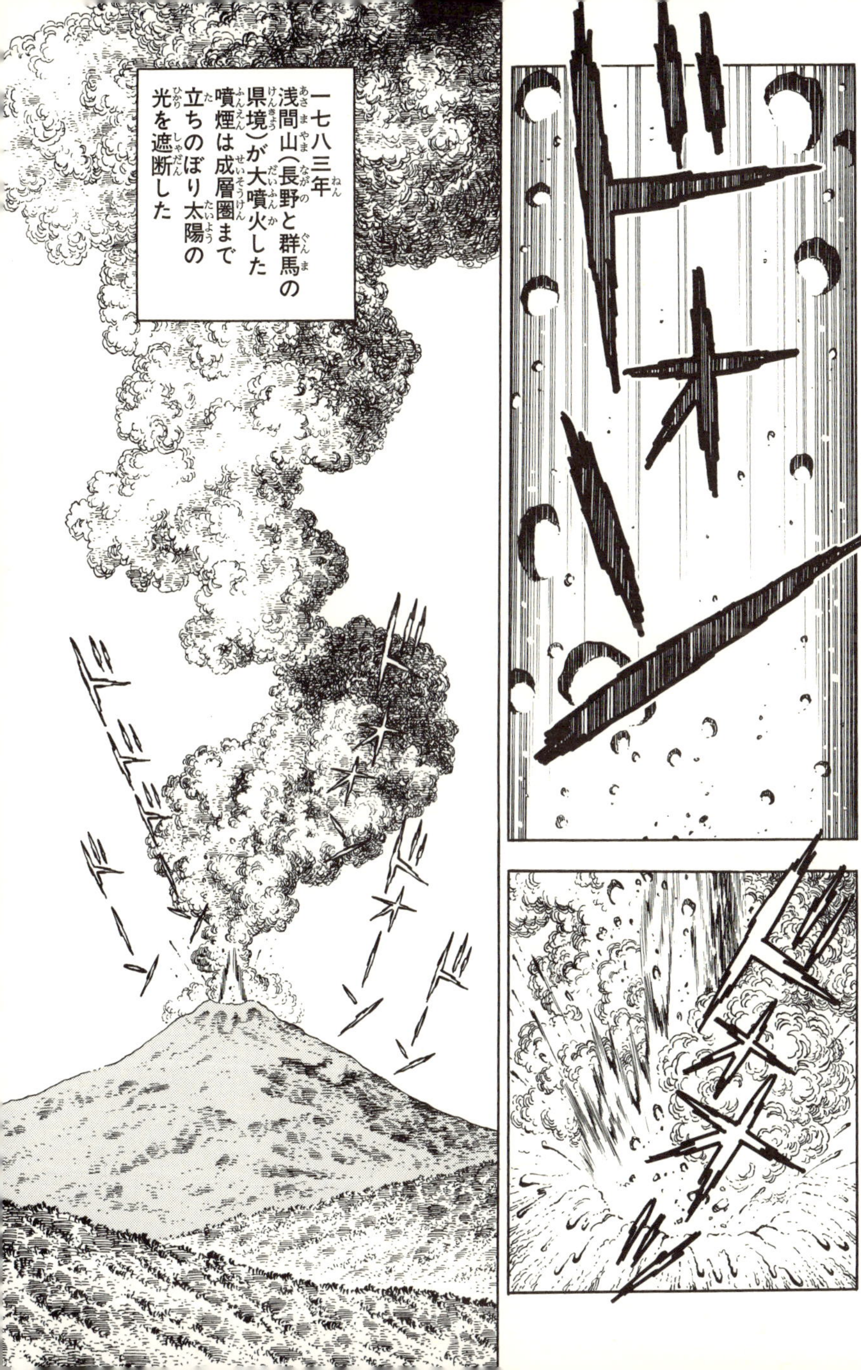
一七八三年《ねん》
浅間山《あさまやま》(長野《ながの》と群馬《ぐんま》の県境《けんきょう》)が大噴火《だいふんか》した
噴煙《ふんえん》は成層圏《せいそうけん》まで立《た》ちのぼり太陽《たいよう》の光《ひかり》を遮断《しゃだん》した

それは
またやってきた冷害《れいがい》
天明《てんめい》の大飢饉《だいききん》と
タイミングがぴったり
重《かさ》なった…
変《へん》だなァ…
昼間《ひるま》なのに
こんなに暗《くら》い
なんて…
昨日《きのう》の
デッカイ音《おと》と
なんか関係《かんけい》が
あるのかも
……
東日本《ひがしにほん》を
中心《ちゅうしん》に冷害《れいがい》は
ますます
深刻化《しんこくか》した
田《た》んぼを捨《す》てる
農民《のうみん》が続出《ぞくしゅつ》し…
地方《ちほう》では
百姓一揆《ひゃくしょういっき》が
続発《ぞくはつ》し
幕府《ばくふ》を
なやませた
食《く》い物《もの》を
よこせ!!
年貢《ねんぐ》を
まけろ!!
飢《う》え死《じ》にした
母《かあ》ちゃんを返《かえ》せ

田沼様《たぬまさま》
一揆《いっき》をどういたしましょう?
う～む
かつての刀《かたな》狩《が》りのおかげで武器《ぶき》が竹槍《たけやり》や百姓《ひゃくしょう》道具《どうぐ》程度《ていど》だから助《たす》かっていますが…
死人《しにん》も多《おお》く出《で》ています…
江戸《えど》の町《まち》には田舎《いなか》から田《た》んぼを捨《す》てて出《で》てきた浮浪者《ふろうしゃ》も目立《めだ》ちます
大坂《おおさか》では豪商《ごうしょう》を襲《おそ》って金品《きんぴん》や米《こめ》を奪《うば》う「打《う》ちこわし」があったとも聞《き》いております
ほうっておけません

う～む…
田沼様《たぬまさま》!!
田沼様《たぬまさま》何《なに》か良《よ》いお策《さく》を…
田沼《たぬま》は九代将軍《きゅうだいしょうぐん》「家重《いえしげ》」十代将軍《じゅうだいしょうぐん》「家治《いえはる》」と二代《にだい》に仕《つか》えたが 飢饉《ききん》には策《さく》がうてず「家治《いえはる》」の死《し》を機《き》に追放《ついほう》された
家治《いえはる》には後継《あとつ》ぎがいなかったので一橋家《ひとつばしけ》から十一代将軍《じゅういちだいしょうぐん》が選《えら》ばれた徳川家斉《とくがわいえなり》であるだがこの男《おとこ》が後《のち》の徳川幕府《とくがわばくふ》の運命《うんめい》を決定《けってい》づけた!!

究極《きゅうきょく》の倹約家《けんやくか》　松平定信《まつだいらさだのぶ》

★寛政の改革開始 1787年 定信は 倹約やりすぎ 非難やな(ひなんやな)

田沼《たぬま》にかわって
老中《ろうじゅう》に迎《むか》えられたのは
松平定信《まつだいらさだのぶ》である
几帳面《きちょうめん》で潔癖《けっぺき》な
人物《じんぶつ》だった
いいか
しっかり
書《か》きとめ
ろよ
天明《てんめい》の大飢饉《だいききん》で
まわりの藩《はん》では餓死者《がししゃ》が
たくさん出《で》たのに 彼《かれ》の
白河藩《しらかわはん》では死者《ししゃ》がゼロだった
という手腕《しゅわん》が買《か》われての
起用《きよう》だった
老中《ろうじゅう》 松平定信《まつだいらさだのぶ》

その向《む》かう所《ところ》は
社会政策《しゃかいせいさく》だった
その手段《しゅだん》は
倹約《けんやく》である
〝囲《かこ》い米《まい》の制《せい》〟
これは大名《だいみょう》たちは
いざという時《とき》のために
一万石《いちまんごく》につき五十石《ごじゅっこく》を
貯《た》めなければならない
という規則《きそく》
農民《のうみん》向《む》けには
〝義倉《ぎそう》・社倉《しゃそう》〟だ
自前《じまえ》の倉《くら》を作《つく》って稗《ひえ》でも
粟《あわ》でも備蓄《びちく》すること!!

寛政の改革①　老中松平定信が11代家斉の初期に改革を実行した復古的・緊縮的改革。旗本・御家人救済のため札差(ふださし)に棄捐令(きえんれい)を出して6年以前の債務を放棄させた。

次《つぎ》は町人《ちょうにん》たち向《む》けだ
〝七分積金《しちぶつみきん》〟これは町人《ちょうにん》たちもお金《かね》を積立《つみた》てておけというもの
それから〝旧里帰農令《きゅうりきのうれい》〟
あ あのう キュウリとはどのような字《じ》でしょうか?
バカ者《もの》 カナで書《か》いておいて後《あと》で辞典《じてん》で調《しら》べろ!!

★棄捐令 1789年 棄捐令 金貸し商人に非難わく(ひなんわく)

寛政の改革② 大名には石高1万石につき50石の米を貯蔵させる囲い米の制をしき、各地に義倉・社倉を設け飢饉に備えた。江戸の町には町費を節約させ、その7割を積み立てさせた。七分積金という。

★寛政異学の禁 1790年 異学への 非難暮れ(ひなんくれ)には 完成よ

江戸《えど》へ出《で》てきた 百姓《ひゃくしょう》たちよ 故郷《ふるさと》へ帰《かえ》り ましょう… なんなら その費用《ひよう》は 幕府《ばくふ》が負担《ふたん》 し… ペラペラ
すみません もう少《すこ》し ゆっくりと…
付《つ》き合《あ》い きれん!!
大奥《おおおく》
かっぽれ かっぽれ
踊《おど》れ 踊《おど》れ
十一代将軍《じゅういちだいしょうぐん》 徳川家斉《とくがわいえなり》

寛政の改革③　江戸の治安対策として、石川島に人足寄場を設けるとともに、旧里帰農令を出して農村に帰ることを奨励した。また、風俗や思想の統制も行い、寛政異学の禁を出して朱子学を官学化。

ウィーッ 眠《ねむ》くなった これ… 膝《ひざ》を貸《か》せ
今度《こんど》の将軍《しょうぐん》は 定信《さだのぶ》の苦労《くろう》には われ関《かん》せずか! なんてこった
Z z z z…
この将軍《しょうぐん》「家斉《いえなり》」は 極楽《ごくらく》トンボだった なにしろ四十人《よんじゅうにん》をこえる 側室《そくしつ》がいて わかっているだけで 子《こ》どもが五十数人《ごじゅうすうにん》と いうのだから
定信《さだのぶ》と うまくいく はずがない
倹約《けんやく》をうるさく迫《せま》る 定信《さだのぶ》の小言《こごと》なんか どこふく風《かぜ》だ
四角四面《しかくしめん》の定信《さだのぶ》は 大奥《おおおく》にも評判《ひょうばん》が悪《わる》く 引退《いんたい》させられてしまう その「寛政《かんせい》の改革《かいかく》」は 七年《しちねん》で終《お》わった…
陸奥国《むつのくに》(東北地方《とうほくちほう》)
ピュー
ピュー
ピュー

★ラクスマン　根室《ねむろ》に来航　1792年　ラクスマン　ロシア人だよ　粋な国（いきなくに）

やけに風《かぜ》が冷《つめ》たいなァ
こりゃ〝やませ〟じゃあるまいか？
ブルブル
数年前《すうねんまえ》の不作《ふさく》の時《とき》と同《おな》じ風《かぜ》じゃ…
米《こめ》は育《そだ》つかのう…
この年《とし》　結局《けっきょく》米《こめ》は一粒《ひとつぶ》もとれなかった「天保《てんぽう》の大飢饉《だいききん》」であるその惨禍《さんか》は日本全国《にほんぜんこく》におよび冷害《れいがい》・大凶作《だいきょうさく》は六《ろく》～七年《しちねん》も続《つづ》いた
父《とう》ちゃん腹減《はらへ》ったよ～
ワシだって同《おな》じだ落穂《おちぼ》すらない仲間《なかま》もいっぱい餓死《がし》した…
バタ
バタ
こんなに庶民《しょみん》がこまっているのに…
この間《あいだ》　定信《さだのぶ》をクビにした家斉《いえなり》は何《なに》を思《おも》ったか自《みずか》ら表舞台《おもてぶたい》に立《た》ち〝大御所政治《おおごしょせいじ》〟を行《おこな》っていた
たぶんエネルギーがありあまっていたのかもね
無策《むさく》で凡庸《ぼんよう》な政治《せいじ》がほぼ五十年近《ごじゅうねんちか》く続《つづ》く
家斉《いえなり》が死《し》ぬまで十二代将軍家慶《じゅうにだいしょうぐんいえよし》も出番《でばん》がなかったんだ

大御所時代　11代将軍家斉の親政。放漫な政治が続き、社会不安が増大した時代。1837年の大塩平八郎の乱が代表例。また、対外的にも問題が緊迫化し、異国船打ち払い令が出された。

沢山《たくさん》の子《こ》どもの中《なか》から選《えら》ばれた家慶《いえよし》はとっくに将軍《しょうぐん》になりながらも待《ま》ちに待《ま》たされて家斉《いえなり》が死《し》んでやっと表舞台《おもてぶたい》に立《た》った
そして家慶《いえよし》は幕政改革《ばくせいかいかく》を老中筆頭《ろうじゅうひっとう》の水野忠邦《みずのただくに》に託《たく》したんだ・・・

一発逆転《いっぱつぎゃくてん》を狙《ねら》った水野忠邦《みずのただくに》

★フェートン号事件 1808年 長崎で 違反をや(いはんをや)った フェートン号

オイ聞《き》いたか? 今度《こんど》は水野殿《みずのどの》が 幕政改革《ばくせいかいかく》に 大《おお》ナタをふる われるそうだ
あの方《かた》なら うまくいくかも しれん
常々機会《つねづねきかい》が くれば自分《じぶん》が 幕府《ばくふ》を立《た》て 直《なお》してみせると おっしゃっていたからな ……
ずっと以前《いぜん》の ことだが
ぜひ老中《ろうじゅう》を やってみたい 九州《きゅうしゅう》の片田舎《かたいなか》の 唐津《からつ》にいては 老中《ろうじゅう》になれそうに ないからと 同《おな》じ石高《こくだか》の 浜松《はままつ》へ国替《くにが》えを 願《ねが》い出《で》たそうだ
五万石《ごまんごく》でも 唐津《からつ》は豊《ゆた》かで 有名《ゆうめい》な藩《はん》だ
実質《じっしつ》は 二十万石《にじゅうまんごく》は ある…それを 捨《す》ててか?
だから 家臣《かしん》どもは 大反対《だいはんたい》したが 国替《くにが》えを実現《じつげん》 させたらしい
前将軍家斉様《ぜんしょうぐんいえなりさま》が やり放題《ほうだい》やって 金《かね》も使《つか》い放題《ほうだい》 使《つか》ったあとだ
誰《だれ》がやっても 同《おな》じであろう
さよう 幕府《ばくふ》はもう 落《お》ちるところ まで落《お》ちて しまっている ものな
だから何《なに》か 一発逆転《いっぱつぎゃくてん》を 図《はか》らねばとの お考《かんが》えらしい

よし決《き》めたぞ!!
老中《ろうじゅう》 水野忠邦《みずのただくに》
今《いま》の幕府《ばくふ》を救《すく》うには中央《ちゅうおう》集権的改革《しゅうけんてきかいかく》しかない!!
〝上地令《あげちれい》〟を出《だ》そう!!
〝上地令《あげちれい》〟ですって?
そうだ
江戸《えど》や大坂周辺《おおさかしゅうへん》の土地《とち》はすべて幕府《ばくふ》の直轄地《ちょっかつち》にするんだ!!

★異国船打ち払い令 1825年 永遠に来(とわにこ)ぬよう 異国船

天保の改革① 老中水野忠邦が享保・寛政の改革を模範として行った緊縮政治。厳しい倹約令や風俗の取り締まりを行い、人返しの法を出して、農民の出稼ぎを禁じて帰郷させ、農村の復興を図った。

★大塩平八郎の乱 1837年 人はみな(ひとはみな) 拍手で迎える平八郎

そして次《つぎ》に
“株仲間解散令《かぶなかまかいさんれい》”だ!!
しかし水野様《みずのさま》
株仲間《かぶなかま》は物価安定《ぶっかあんてい》に役立《やくだ》っておりますぞ
物価《ぶっか》がみだれたら
もはや株仲間《かぶなかま》は無用《むよう》である!! 物価《ぶっか》は幕府《ばくふ》が全《すべ》てを統制《とうせい》する!!
幕府《ばくふ》が強大《きょうだい》な力《ちから》を見《み》せることによってこの国《くに》を安定《あんてい》させるのだ!!
そのために“人返《ひとがえ》しの法《ほう》”も出《だ》す!!
家族持《かぞくも》ちを除《のぞ》き江戸《えど》へ出《で》てきた独身者《どくしんしゃ》はすべて田舎《いなか》へ帰《かえ》らせる!!
同時《どうじ》に農民《のうみん》の離村《りそん》 出稼《でかせ》ぎを禁止《きんし》する!!

天保の改革② 1841年、物価の引下げを狙い、株仲間の解散を命じたが、流通機構の混乱で物価は高騰。江戸・大坂十里四方を直轄領とする上地令を出し、幕府の増収を図るが、大名・旗本の反対で撤回され、忠邦は失脚。

★天保の改革開始 1841年 忠邦の 行きはよい(いきはよい)よい 天保改革

そ そこまで
…他《ほか》の老中《ろうじゅう》や 大名《だいみょう》たちが 納得《なっとく》してくれる でしょうか?
させる!!
それでこそ 天保《てんぽう》の改革《かいかく》 だ!!
上地令《あげちれい》 だと!?
そんな 破天荒《はてんこう》な 政策《せいさく》 誰《だれ》が 認《みと》めるか!!
水野《みずの》 狂《くる》ったか!!
一発逆転《いっぱつぎゃくてん》を狙《ねら》った 〝上地令《あげちれい》〟は 大名《だいみょう》や旗本《はたもと》たちの 不満《ふまん》を爆発《ばくはつ》させ 忠邦《ただくに》は三年《さんねん》と もたずに 失脚《しっきゃく》した

ペリー来航《らいこう》の本当《ほんとう》の理由《りゆう》

★天保の薪水給与令 1842年 人は世に(ひとはよに)問う 薪水令

浦《うら》賀《が》沖《おき》
それは長《なが》く国《くに》を
閉《と》ざしてきた幕府《ばくふ》
いや日本国《にほんこく》にとって
驚天動地《きょうてんどうち》の
出来事《できごと》だった
?

うわっ!!
瓦版《かわらばん》
瓦版《かわらばん》だ!
なんだあ黒船《くろふね》だって?
どこの国《くに》の船《ふね》だろう?

★ペリー来航　1853年　ペリー来航　いや誤算（いやごさん）

なにしに来《き》たんだ?
大砲《たいほう》が積《つ》んであるというぞ
幕府《ばくふ》はどうするんだろう?

ずいぶん前《まえ》から外国船《がいこくせん》が近《ちか》くの海《うみ》に現《あらわ》れたという噂《うわさ》を聞《き》いていたが
こりゃケタ違《ちが》いだドエライことがおこったなァ‼

知典《とものり》先生《せんせい》の補講《ほこう》

知典《とものり》先生《せんせい》の補講《ほこう》1 ――ヤマト政権《せいけん》の全国統一《ぜんこくとういつ》

知典《とものり》先生《せんせい》：今《いま》から二千年前《にせんねんまえ》の紀元前《きげんぜん》1世紀頃《せいきころ》に、中国《ちゅうごく》の歴史書《れきししょ》に日本《にほん》が姿《すがた》をあらわします。小国家《しょうこっか》の王《おう》たちが、中国皇帝《ちゅうごくこうてい》の権威《けんい》を求《もと》めて、使《つか》いを送《おく》るようになったのです。それを年表《ねんぴょう》にすると次《つぎ》のような感《かん》じになります。

BC1世紀《せいき》
百余国《ひゃくよこく》の小国家《しょうこっか》が分立《ぶんりつ》していた。
（**『漢書地理志《かんしょちりし》』**）

AD1世紀《せいき》
中国《ちゅうごく》の権威《けんい》を求《もと》めて、奴国王《なこくおう》が後漢《ごかん》の光武帝《こうぶてい》に遣使《けんし》し、「**漢委奴国王《かんのわのなのこくおう》**」の金印《きんいん》を授《さず》かった。（57年《ねん》。**『後漢書東夷伝《ごかんしょとういでん》』**）

AD2世紀《せいき》
中国《ちゅうごく》の権威《けんい》を求《もと》めて、ある国《くに》の**王帥升《おうすいしょう》**が**生口《せいこう》**１６０人を後漢《ごかん》の皇帝《こうてい》に献上《けんじょう》した。（１０７年《ねん》。**『後漢書東夷伝《ごかんしょとういでん》』**）
※当時《とうじ》、奴隷《どれい》のことを生口《せいこう》と呼《よ》んでいた。

AD3世紀《せいき》
中国《ちゅうごく》の権威《けんい》を求《もと》めて、**邪馬台国女王卑弥呼《やまたいこくじょおうひみこ》**が魏《ぎ》に遣使《けんし》し、「**親魏倭王《しんぎわおう》**」の称号《しょうごう》を授《さず》かった。当時《とうじ》、**邪馬台国《やまたいこく》**は三十カ国《こく》の連合国家《れんごうこっか》を作《つく》っていた。（２３９年《ねん》。**『魏志倭人伝《ぎしわじんでん》』**）

AD4世紀《せいき》
この時期《じき》には中国《ちゅうごく》への遣使《けんし》は行《おこ》なわれていない。
この頃、ヤマト政権《せいけん》による**全国統一《ぜんこくとういつ》**が完成《かんせい》

したといわれている。

AD4世紀末《せいきまつ》

倭軍《わぐん》が朝鮮半島《ちょうせんはんとう》を北上《ほくじょう》し、半島北部《はんとうほくぶ》を支配《しはい》していた**高句麗《こうくり》**と交戦《こうせん》した。（391年。**『高句麗好太王碑文《こうくりこうたいおうひぶん》』**）

AD5世紀《せいき》

朝鮮半島《ちょうせんはんとう》の支配権《しはいけん》を求《もと》めて、**倭《わ》の五王《ごおう》**が中国《ちゅうごく》に遣使《けんし》した。（478年。**『宋書倭国伝《そうしょわこくでん》』**）

この頃《ころ》、巨大**古墳《こふん》**が築造《ちくぞう》された。

この年表《ねんぴょう》をもとに、ちょっと大雑把《おおざっぱ》な捉《とら》え方《かた》をすると、紀元前《きげんぜん》1世紀《せいき》に小国家《しょうこっか》が百以上《ひゃくいじょう》あり、その三百年後《さんびゃくねんご》の卑弥呼《ひみこ》の頃《ころ》にも少《すく》なくとも三十以上《さんじゅういじょう》はあったのに、その百年後《ひゃくねんご》には一《ひと》つになったことになります。これって不思議《ふしぎ》じゃありませんか？

生徒《せいと》：最後《さいご》の百年《ひゃくねん》で、統一《とういつ》のスピードが急《きゅう》に早《はや》くなっている。

知典先生《とものりせんせい》：その通《とお》りです。実《じつ》は、統一《とういつ》がこんなに速《はや》いスピードで進《すす》んだのは、ヤマト政権《せいけん》が**氏姓制度《しせいせいど》**を始《はじ》めたからなのです。

氏姓制度《しせいせいど》とは、小国家《しょうこっか》の王《おう》たちに豪族《ごうぞく》の地位《ちい》を保証《ほしょう》し、私有地《しゆうち》の所有《しょゆう》もそのまま許《ゆる》す、という画期的《かっきてき》なものでした。だから、戦《たたか》いに明《あ》け暮《く》れていた王《おう》たちが競《きそ》ってヤマト政権《せいけん》に参加《さんか》していったと思《おも》われます。

そのため、統一《とういつ》のスピードは速《はや》くなりましたが、大王《おおきみ》の所有地《しょゆうち》よりも豪族《ごうぞく》の私有地《しゆうち》の方《ほう》が広《ひろ》いという事態《じたい》にもなりました。この経済基盤《けいざいきばん》の脆《もろ》さが、ヤマト政権《せいけん》の弱点《じゃくてん》となりました。そこで、四世紀《よんせいき》末《まつ》に朝鮮半島《ちょうせんはんとう》を侵略《しんりゃく》し、半島南半《はんとうなんはん》を支配《しはい》したと考《かんが》えられています。そのおかげで強《つよ》い力《ちから》を持《も》つに至《いた》り、世界一《せかいいち》とも言《い》われる巨大《きょだい》な**古墳《こふん》**をつくるまでになったのです。しかし、朝鮮半島《ちょうせんはんとう》の支配《しはい》も長続《ながつづ》きせず、徐々《じょじょ》に支配力《しはいりょく》を失《うしな》っていきます。それに連動《れんどう》して天皇《てんのう》の力《ちから》も衰《おとろ》え、豪族《ごうぞく》に殺害《さつがい》されるという事態《じたい》まで起《お》こりました。こういった状況《じょうきょう》で、天皇《てんのう》の力《ちから》を取《と》り戻《もど》そうと登場《とうじょう》したのが**聖徳太子《しょうとくたいし》**なのです。

知典先生《とものりせんせい》の補講《ほこう》2 ――― 奈良時代《ならじだい》の政治《せいじ》

知典先生《とものりせんせい》：奈良時代《ならじだい》から平安時代初期《へいあんじだいしょき》の政権担当者《せいけんたんとうしゃ》を年代順《ねんだいじゅん》に書《か》くと、**藤原不比等《ふじわらのふひと》→長屋王《ながやおう》→藤原四子《ふじわらよんし》→橘諸兄《たちばなのもろえ》→藤原仲麻呂《ふじわらのなかまろ》→道鏡《どうきょう》→藤原百川《ふじわらのももかわ》→桓武天皇《かんむてんのう》**（親政《しんせい》）**→藤原薬子《ふじわらのくすこ》→嵯峨天皇《さがてんのう》**（親政《しんせい》）**→藤原冬嗣《ふじわらのふゆつぐ》**となります。

パッと見《み》て何《なに》か気《き》づきませんか。

生徒《せいと》：藤原氏《ふじわらし》が一《ひと》つ飛《と》ばしになっています。

知典先生《とものりせんせい》：そうですね。これが今回《こんかい》のポイントです。

律令《りつりょう》には、**官位相当《かんいそうとう》の制《せい》**と**蔭位《おんい》の制《せい》**というのがあります。**官位相当《かんいそうとう》の制《せい》**とは、採用試験《さいようしけん》の結果《けっか》で役人《やくにん》を任用《にんよう》する制度《せいど》です。実力主義《じつりょくしゅぎ》で、家柄《いえがら》は関係《かんけい》ありません。

一方《いっぽう》、貴族《きぞく》の子《こ》や孫《まご》には、二十一歳《さい》になれば父祖《ふそ》の位階《いかい》に応《おう》じて一定《いってい》の位《くらい》につけるしくみがありました。これを**蔭位《おんい》の制《せい》**といいます。これは、貴族《きぞく》の子《こ》や孫《まご》が、一般《いっぱん》の採用試験《さいようしけん》を受《う》けて入《はい》った人《ひと》より高《たか》めの位階《いかい》からスタートできる特権《とっけん》です。いわば、オーナー社長《しゃちょう》の息子《むすこ》が入社《にゅうしゃ》して、すぐに課長《かちょう》や部長《ぶちょう》になるようなもので、いわゆる〝親《おや》の七光《ななひかり》り〟といえるでしょう。

そのうえ、マンガの中《なか》で、**藤原不比等《ふじわらのふひと》**が妻《つま》に話《はな》している通《とお》り、**壬申《じんしん》の乱《らん》**を生《い》き残《のこ》った有力豪族《ゆうりょくごうぞく》は藤原氏《ふじわらし》だけでしたから、奈良時代《ならじだい》に政権《せいけん》を担当《たんとう》できるような大豪族《だいごうぞく》は、藤原氏以外《ふじわらしいがい》には存在《そんざい》しませんでした。ただ、蔭位《おんい》の制《せい》で、子《こ》はすぐに父《ちち》と同《おな》じ地位《ちい》に就《つ》くことはできないため、藤原氏《ふじわらし》の政権《せいけん》が連続《れんぞく》することはできません。

そこで、天皇《てんのう》は、藤原氏《ふじわらし》の父《ちち》の政権《せいけん》と子《こ》の政権《せいけん》の間《あいだ》に自分《じぶん》に味方《みかた》する政権《せいけん》を入《い》れたのです。その結果《けっか》、藤原氏《ふじわらし》の政権《せいけん》と天皇側《てんのうがわ》の政権《せいけん》が交互《こうご》になっているのです。

これが、藤原氏《ふじわらし》が一《ひと》つ飛《と》ばしになっている奈良《なら》時代《じだい》の不思議《ふしぎ》です。当然《とうぜん》のことながら、藤原氏《ふじわらし》の政権《せいけん》は貴族《きぞく》が有利《ゆうり》になるように、天皇側《てんのうがわ》の政権《せいけん》は天皇《てんのう》が有利《ゆうり》になるような政治《せいじ》を行《おこな》います。そう思《おも》って奈良《なら》・平安《へいあん》の年表《ねんぴょう》を見《み》ると、歴史《れきし》の流《なが》れが違《ちが》った角度《かくど》から見《み》えてきます。

天皇	藤原氏政権	天皇側の政権
元明	**藤原不比等** 平城京遷都(710) 養老律令制定	
元正		**長屋王**(天武天皇の孫) 三世一身法(723)・多賀城築城 長屋王の変(729)
聖武	**藤原四子** (武智麻呂・房前・宇合・麻呂) 光明子立后(729) 四子疫病で急死	**橘諸兄**(吉備真備・玄昉の協力) 藤原広嗣の乱(740) 恭仁京に遷都(のち難波京、紫香楽宮に遷都) 大仏造立の詔(743)・墾田永年私財法(743)
孝謙	**藤原仲麻呂**(恵美押勝) (光明皇太后の援助) 大仏開眼供養(752)・養老律令施行 橘奈良麻呂の乱(橘諸兄の子) 藤原仲麻呂の乱(恵美押勝の乱)	
淳仁		
称徳 (孝謙天皇の重祚)		**道鏡**(称徳天皇の援助) 道鏡の加墾禁止令(寺院以外の開墾を禁止) 宇佐八幡宮神託事件→称徳天皇の死後失脚
光仁 (天智天皇の孫)	**藤原百川**(式家) 墾田永年私財法復活	
桓武		**桓武天皇**(親政) 長岡京遷都(784)・平安京遷都(794) 健児の制・勘解由使設置 坂上田村麻呂の東北遠征・胆沢城建設
平城	**藤原薬子**(式家) 平城京復帰計画	
嵯峨		**嵯峨天皇**(親政) 蔵人所の設置・薬子の変(810) 検非違使設置

知典《とものり》先生《せんせい》の補講《ほこう》3 ―― 摂関政治《せっかんせいじ》と院政《いんせい》

知典《とものり》先生《せんせい》：「**摂関政治《せっかんせいじ》**」ってどんな政治《せいじ》でしょうか。藤原氏《ふじわらし》が**摂政《せっしょう》・関白《かんぱく》**になって政治《せいじ》を行《おこな》ったことって答《こた》えませんでしたか？

実《じつ》は、摂政《せっしょう》や関白《かんぱく》は、江戸時代《えどじだい》の終《お》わりまでずっと続《つづ》いているのに、この時期以外《じきいがい》には力《ちから》を持《も》っていません。そこが今回《こんかい》のポイントです。

当時《とうじ》の貴族社会《きぞくしゃかい》では、夫婦《ふうふ》は同居《どうきょ》しないのが基《き》本《ほん》でした。『源氏物語《げんじものがたり》』や『蜻蛉日記《かげろうにっき》』、『和泉式部《いずみしきぶ》日記《にっき》』とかに、そういうシーンが出《で》てきます。夫《ふ》婦《ふ》が同居《どうきょ》しないとすると、自然《しぜん》と生《う》まれた子《こ》どもは、母《はは》とその父《ちち》（子《こ》にとっては祖父《そふ》）と生活《せいかつ》することになります。そして、その子《こ》どもが幼《おさな》くして天皇《てんのう》になったとしたら、一緒《いっしょ》に住《す》んでいるおじいさん（**外祖父《がいそふ》**）の助言《じょげん》に頼《たよ》ることが多《おお》く、この外《がい》祖父《そふ》は強《つよ》い力《ちから》を持《も》つことになります。

当初《とうしょ》この権力《けんりょく》には呼《よ》び名《な》がありませんでしたが、のちに〝政《せい》〟治《じ》を〝摂《と》〟るという意味《いみ》で、**摂政《せっしょう》**という名前《なまえ》で呼《よ》ばれるようになりました。そのため、名前《なまえ》がつく前《まえ》を「**事実上《じじつじょう》の摂政《せっしょう》**」、名前《なまえ》がついた後《のち》を「**正式《せいしき》の摂政《せっしょう》**」と区別《くべつ》するのです。

ところで、外祖父《がいそふ》となるチャンスは、どの貴族《きぞく》にもありますよね。そこで、藤原氏《ふじわらし》は外祖父《がいそふ》になりそうな貴族《きぞく》に、謀反《むほん》の疑《うたが》いをかけて排斥《はいせき》し、外《がい》戚関係《せきかんけい》を藤原氏《ふじわらし》が独占《どくせん》するようになります。

ここで、**藤原道長《ふじわらのみちなが》**が登場《とうじょう》します。道長《みちなが》は、自分《じぶん》の四人《よにん》の娘《むすめ》を順《じゅん》に天皇《てんのう》のきさきにしたのです。道《みち》長《なが》の栄華《えいが》は永遠《えいえん》に見《み》えました。しかし、何事《なにごと》もやりすぎはよくないのでしょう。次《つぎ》の頼通《よりみち》の時《とき》には皇子《みこ》が生《う》まれません。そこで、とうとう外戚関係《がいせきかんけい》のない**後三条天皇《ごさんじょうてんのう》**が即位《そくい》することになりました。

さあ、**後三条天皇《ごさんじょうてんのう》**はこの時何《ときなに》を考《かんが》えるでしょうか。

生徒《せいと》：藤原氏《ふじわらし》の力《ちから》を抑《おさ》えたい！

知典先生《とものりせんせい》：その通《とお》り。そこで、天皇《てんのう》は自《みずか》ら退位《たいい》して**上皇《じょうこう》**となり、外戚《がいせき》に影響《えいきょう》されない、自由《じゆう》な立場《たちば》で力《ちから》をふるおうとします。これが、**院政《いんせい》**です。寺《じ》〝院《いん》〟で〝政《せい》〟治《じ》を行《おこな》う**院政《いんせい》**です。これが、マンガの中《なか》で、天皇《てんのう》が手《て》ごろな寺《てら》を探《さが》していた理由《りゆう》です。ただ、後三条天皇《ごさんじょうてんのう》は院政《いんせい》を始《はじ》める前《まえ》に病死《びょうし》したので、実際《じっさい》に院政《いんせい》を始《はじ》めたのは、次《つぎ》の**白河上皇《しらかわじょうこう》**と考《かん》えられています。

★余談《よだん》ですが、天皇《てんのう》と皇后《こうごう》が一緒《いっしょ》に子《こ》どもを育《そだ》てはじめたのはいつだと思《おも》いますか。

それは今上天皇《きんじょうてんのう》なのです。子育《こそだ》てには父《ちち》と母《はは》の両方《りょうほう》が必要《ひつよう》だということで、はじめたのだそうです。それくらい貴族社会《きぞくしゃかい》の伝統《でんとう》は続《つづ》いていたんですね。

《前期摂関政治》

【藤原良房】
承和の変<842>⇒橘逸勢・伴健岑を排斥
良房、太政大臣就任（文徳天皇）
良房、**事実上の摂政就任**（清和天皇）
応天門の変<866>⇒伴善男を排斥
良房、**正式の摂政就任**（清和天皇）
【藤原基経】
基経、**事実上の関白就任**（光孝天皇）
阿衡の紛議<887>⇒橘広相を排斥
基経、**正式の関白就任**（宇多天皇）

↓ 《摂関政治中断》

天皇親政の復活
【宇多天皇】（寛平の治）
菅原道真が遣唐使の廃止を建議<894>
【醍醐天皇】（延喜の治）
昌泰の変<901>⇒藤原時平が菅原道真を排斥

↓

【藤原忠平】＝朱雀天皇の摂政・関白

↓

【村上天皇】（天暦の治）

↓ 《摂関政治復活》

《後期摂関政治》

【藤原実頼】（忠平の子）
安和の変<969>⇒源高明を排斥
以後、摂関の常置
藤原実頼の死後、藤原氏の内部抗争
↓
【藤原道長】の全盛
外祖父となった天皇＝後一条・後朱雀・後冷泉
道長の娘＝彰子・妍子・威子・嬉子（一家三后）
【藤原頼通】

↓ 《外戚関係消滅》

【後三条天皇】（親政）
【白河上皇】（院政開始）

知典《とものり》先生《せんせい》の補講《ほこう》4——国司《こくし》と武士《ぶし》

知典《とものり》先生《せんせい》：中級貴族《ちゅうきゅうきぞく》は一生《いっしょう》で何回《なんかい》国司《こくし》になるのでしょうか。

『更級日記《さらしなにっき》』の中《なか》で、一度《いちど》国司《こくし》をやったあとずっと官職《かんしょく》につけず、年老《としお》いてからやっと二回目《にかいめ》の国司《こくし》になれた父《ちち》を祝《いわ》う場面《ばめん》があります。これが普通《ふつう》の中級貴族《ちゅうきゅうきぞく》の姿《すがた》のようです。かりに、国司《こくし》の定員《ていいん》が六十名《ろくじゅうめい》で四年任期《よねんにんき》とし、国司相当《こくしそうとう》の貴族《きぞく》が三百人《さんびゃくにん》いたとすると、その三百人全員《さんびゃくにんぜんいん》が一通《ひととお》り国司《こくし》になるには、二十年《にじゅうねん》かかる計算《けいさん》になります。

これだけ官職《かんしょく》につけない時期《じき》が長《なが》いということは、最初《さいしょ》の国司《こくし》の四年間《よねんかん》の収入《しゅうにゅう》で、一生《いっしょう》の生活費《せいかつひ》のほとんどをまかなうわけです。逆《ぎゃく》に国司《こくし》には相当《そうとう》な収入《しゅうにゅう》があったとも言《い》えるでしょう。だから、私財《しざい》を出《だ》して国司《こくし》の地位《ちい》を得《え》ようとする**成功《じょうごう》**が、頻繁《ひんぱん》に行《おこな》われました。また、上級貴族《じょうきゅうきぞく》が代理《だいり》を派遣《はけん》して、収入《しゅうにゅう》だけを得《え》る**遥任《ようにん》**も行《おこな》われるようになりました。

上級貴族《じょうきゅうきぞく》が国司《こくし》を兼《か》ねるということは、国司《こくし》の枠《わく》が減《へ》るのですから、中級貴族《ちゅうきゅうきぞく》にとっては死活問題《しかつもんだい》だったはずです。そこで、任期《にんき》が終《お》わっても京都《きょうと》に戻《もど》らず、任国《にんこく》に土着《どちゃく》する中級貴族《ちゅうきゅうきぞく》が増《ふ》えていきます。京都《きょうと》にもどれば、上級貴族《じょうきゅうきぞく》にペコペコしなくてはならないけれど、田舎《いなか》にいたら元国司様《もとこくしさま》ですから、名《な》を捨《す》てて実《じつ》を取《と》るという感《かん》じです。土着《どちゃく》した中級貴族《ちゅうきゅうきぞく》では、**桓武平氏《かんむへいし》**や**清和源氏《せいわげんじ》**などが有名《ゆうめい》です。

ここで、土着《どちゃく》した元国司《もとこくし》がその国《くに》の武士《ぶし》と結《むす》びついて、**武士団《ぶしだん》**と呼《よ》ばれるようになります。これらは平氏武士団《へいしぶしだん》、源氏武士団《げんじぶしだん》のように呼《よ》ばれ、まとまると無視《むし》できないほどの勢力《せいりょく》となっていきます。

その中《なか》でも、源氏武士団《げんじぶしだん》は藤原氏《ふじわらし》と密接《みっせつ》に繋《つな》がって、摂関政治《せっかんせいじ》のときに活躍《かつやく》しました。藤原純友《ふじわらのすみとも》

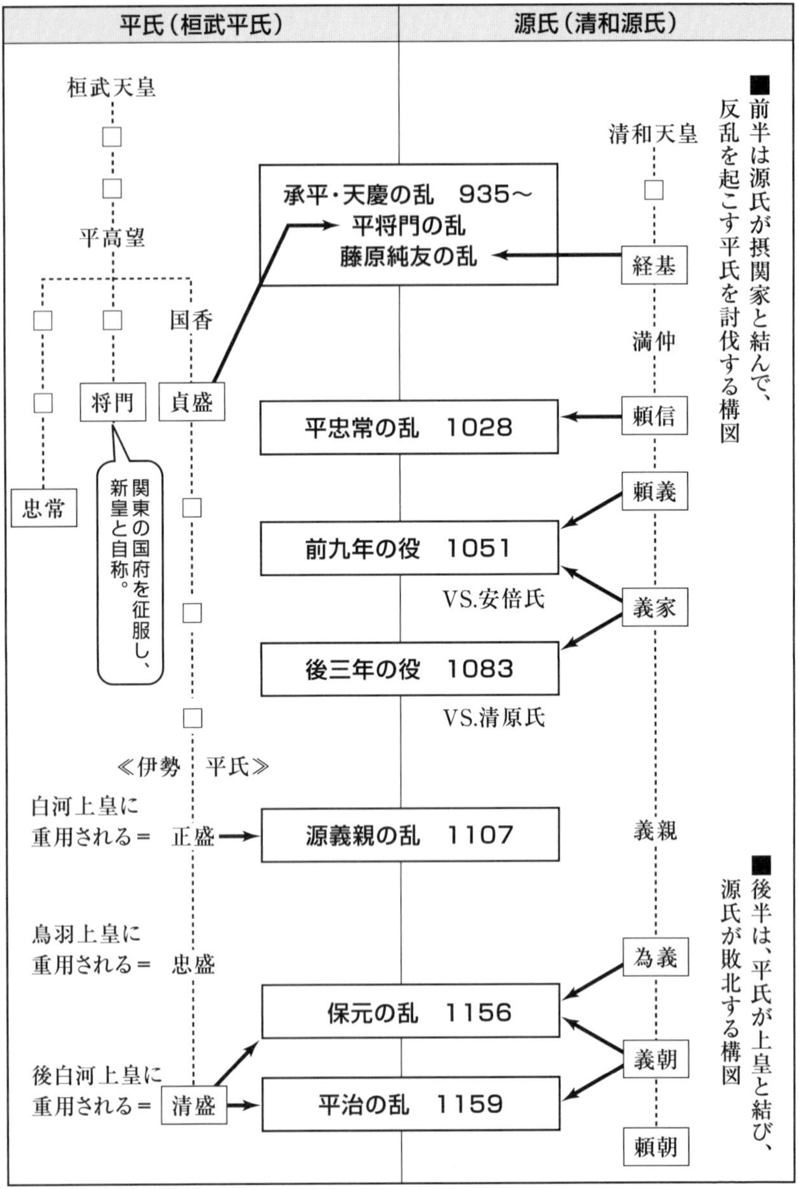
平氏（桓武平氏）
源氏（清和源氏）
桓武天皇
□
□
平高望
□
□
国香
□
将門
貞盛
忠常
関東の国府を征服し、新皇と自称。
□
□
□
≪伊勢　平氏≫
白河上皇に重用される＝　正盛
鳥羽上皇に重用される＝　忠盛
後白河上皇に重用される＝　清盛
承平・天慶の乱　935～
平将門の乱
藤原純友の乱
平忠常の乱　1028
前九年の役　1051
VS.安倍氏
後三年の役　1083
VS.清原氏
源義親の乱　1107
保元の乱　1156
平治の乱　1159
清和天皇
□
経基
満仲
頼信
頼義
義家
義親
為義
義朝
頼朝
■前半は源氏が摂関家と結んで、反乱を起こす平氏を討伐する構図
■後半は、平氏が上皇と結び、源氏が敗北する構図

の乱《らん》を鎮圧《ちんあつ》した**経基**《つねもと》、安和《あんな》の変《へん》で密告《みっこく》した**満仲**《みつなか》、平《たいらの》忠常《ただつね》の乱《らん》を鎮圧《ちんあつ》した**頼信**《よりのぶ》、前九年《ぜんくねん》・後三年《ごさんねん》の役《やく》で活躍《かつやく》した**頼義**《よりよし》、**義家**《よしいえ》などです。

しかし、院政《いんせい》が始《はじ》まると、藤原氏《ふじわらし》と密着《みっちゃく》していた源氏《げんじ》に代《か》わって、平氏《へいし》が重用《じゅうよう》されるようになりました。白河上皇《しらかわじょうこう》と**正盛**《まさもり》、鳥羽上皇《とばじょうこう》と**忠盛**《ただもり》、後白《ごしら》河上皇《かわじょうこう》と**清盛**《きよもり》のように密接《みっせつ》に結《むす》びつき、最終的《さいしゅうてき》には平《たいらの》清盛《きよもり》が後白河法皇《ごしらかわほうおう》を抑《おさ》えて、**平氏政権**《へいしせいけん》をつくるまで成長《せいちょう》していきます。

知典先生《とものりせんせい》の補講《ほこう》5 ―― 北条氏《ほうじょうし》

知典先生《とものりせんせい》：鎌倉幕府《かまくらばくふ》は源《みなもとの》頼朝《よりとも》が作《つく》ったのに、すぐに源氏《げんじ》は断絶《だんぜつ》して、北条氏《ほうじょうし》が出《で》てきます。なぜでしょうか。

源《みなもとの》頼朝《よりとも》は、せっかく平氏政権《へいしせいけん》を打倒《だとう》したのに、将軍《しょうぐん》になるとあっという間《ま》に、急死《きゅうし》してしまいます。この危機《きき》を支《ささ》えたのが、妻《つま》の**北条政子**《ほうじょうまさこ》とその父《ちち》の**時政**《ときまさ》でした。

北条時政《ほうじょうときまさ》は、弱小《じゃくしょう》の豪族《ごうぞく》ながら平家一門《へいけいちもん》だったことから、平《たいらの》清盛《きよもり》から頼朝《よりとも》の配流地《はいるち》に選《えら》ばれました。その後《ご》、娘《むすめ》政子《まさこ》が頼朝《よりとも》の妻《つま》となったため、頼《より》朝《とも》に従《したが》って源平《げんぺい》の合戦《かっせん》に参加《さんか》し、鎌倉幕府《かまくらばくふ》の創設《そうせつ》に尽力《じんりょく》します。

そして、頼朝《よりとも》の急死後《きゅうしご》、北条《ほうじょう》の家《いえ》で育《そだ》った孫《まご》の頼家《よりいえ》が、次《つぎ》の将軍《しょうぐん》になったのです。そこで、外祖《がいそ》父《ふ》である時政《ときまさ》が将軍《しょうぐん》の代行者《だいこうしゃ》となり、「**執権**《しっけん》」と名乗《なの》ったわけです。〝権《けん》〟力《りょく》を〝執《しっ》〟行《こう》するという意味《いみ》です。藤原氏《ふじわらし》が、外戚関係《がいせきかんけい》をもとに摂政《せっしょう》にな

執権	できごと	他氏排斥事件
1 **時政**	頼朝の死（1199）2代将軍に頼家が就任 重臣13人の合議制をはじめる 3代将軍に実朝が就任 頼家は政子に幽閉され、殺害される	梶原景時の乱 比企能員の乱 畠山重忠の乱
2 **義時**	実朝殺害される（1219）⬇源氏将軍の断絶 **承久の乱**…後鳥羽上皇がおこした兵乱（1221）	和田義盛の乱（和田合戦）
3 **泰時**	北条義時、政子、大江広元　没 **評定衆**設置…幕府最高の合議機関 4代将軍に藤原（九条）頼経就任…摂家将軍 **御成敗式目（貞永式目）制定**（1232）	
5 **時頼**	**引付衆**設置…評定衆の補佐と裁判の迅速化 6代将軍に宗尊親王就任…皇族将軍	三浦泰村の乱（宝治合戦）
8 **時宗**	**文永の役**（1274）　**弘安の役**（1281）	
9 **貞時**	永仁の徳政令（1297）	安達泰盛の乱（霜月騒動）
14 **高時**※	文保の御和談 後醍醐天皇親政開始（1321） 院政・摂関の廃止、記録所の再興 **正中の変・元弘の変**…後醍醐天皇の倒幕計画 足利高氏（六波羅探題）、新田義貞（鎌倉）挙兵 鎌倉幕府の滅亡（1333）	

※高時は途中で執権職を譲ったが、権力は最後まで握っていた。

ったのと同《おな》じです。

しかし、藤原氏《ふじわらし》とは異《こと》なり、鎌倉幕府《かまくらばくふ》には、梶《かじ》原《わら》、比《ひ》企《き》、畠山《はたけやま》、和田《わだ》、三浦《みうら》、安達氏《あだちし》など大豪族《だいごうぞく》がたくさんいました。だから、大豪族《だいごうぞく》の意見《いけん》を無《む》視《し》して、独裁政治《どくさいせいじ》を行《おこな》うことはできません。そこで、**頼朝《よりとも》の先例《せんれい》**や武家社会《ぶけしゃかい》の慣習《かんしゅう》（**道理《どうり》**）をもとに、有力豪族《ゆうりょくごうぞく》の合議制《ごうぎせい》で政治《せいじ》を行《おこな》う、という形《かたち》を編《あ》み出《だ》したのです。そして、将軍《しょうぐん》である源氏《げんじ》を含《ふく》めた他氏排斥《たしはいせき》を、徐々《じょじょ》に進《すす》めていきます。

それから二十年《にじゅうねん》がすぎ、北条政子《ほうじょうまさこ》や弟《おとうと》の**義時《よしとき》**が死《し》んでしまいます。そこで、その時《とき》の執権《しっけん》**泰時《やすとき》**は、**御成敗式目《ごせいばいしきもく》**を制定《せいてい》し、**評定衆《ひょうじょうしゅう》**を作《つく》ります。先例《せんれい》や慣習《かんしゅう》を制度化《せいどか》して幕府《ばくふ》の安定《あんてい》を図《はか》ったのです。法令《ほうれい》や制度《せいど》が途中《とちゅう》で出《で》てくるのは、これが理由《りゆう》だったのです。

そうこうしているうちに**元寇《げんこう》**がきます。史上初《しじょうはつ》の本格的《ほんかくてき》な外敵来襲《がいてきらいしゅう》です。

こんな緊急《きんきゅう》の時《とき》に合議制《ごうぎせい》では、勝《か》てるはずがありません。自然《しぜん》の成《な》り行《ゆ》きで、執権《しっけん》**時宗《ときむね》**が権力《けんりょく》を一本化《いっぽんか》して、なんとか元寇《げんこう》を乗《の》り越《こ》えることができました。この勝利《しょうり》は、時宗《ときむね》のリーダーシップによるところが大《おお》きかったといわれています。

しかし、肝心《かんじん》の時宗《ときむね》は元寇後《げんこうご》すぐに死《し》んでしまい、子《こ》の**貞時《さだとき》**が権力《けんりょく》を継承《けいしょう》して専制政治《せんせいせいじ》を行《おこな》うようになりました。次《つぎ》の**高時《たかとき》**が闘犬《とうけん》や闘鶏《とうけい》にうつつを抜《ぬ》かしたこともあって、他《ほか》の有力豪族《ゆうりょくごうぞく》の不満《ふまん》が爆発《ばくはつ》し、幕府滅亡《ばくふめつぼう》を迎《むか》えたといわれています。

知典先生《とものりせんせい》の補講《ほこう》6 ——日本《にほん》の源流《げんりゅう》は室町時代《むろまちじだい》にあり ～文化《ぶんか》の展開《てんかい》の法則性《ほうそくせい》～

知典先生《とものりせんせい》：日本《にほん》の歴史《れきし》の中《なか》で、室町時代《むろまちじだい》はあまり目立《めだ》たず、よく分《わ》からないと思《おも》っている人《ひと》が多《おお》いようです。でも今《いま》の日本《にほん》は、室町時代《むろまちじだい》にできたといってもいいぐらいなんですよ。

ちょっと日本風《にほんふう》の家《いえ》を思《おも》い浮《う》かべてください。マンションじゃなくて日本風《にほんふう》のですよ。（笑）

部屋《へや》は障子《しょうじ》や襖《ふすま》で仕切《しき》られていて、床《ゆか》には畳《たたみ》が敷《し》いてありますね。奥《おく》の方《ほう》の部屋《へや》には床の間《とこのま》があったりします。そして、床の間《とこのま》には掛《か》け軸《じく》がかかっていたり、違《ちが》い棚《たな》があって焼《や》き物《もの》とかが置《お》いてあったりもします。花《はな》が活《い》けてあるかもしれません。また別室《べっしつ》には茶室《ちゃしつ》もありますね。外《そと》を見《み》ると、玉砂利《たまじゃり》を敷《し》いて松《まつ》などの緑《みどり》を植《う》えた、きれいな庭《にわ》や生垣《いけがき》があります。実《じつ》は、この一つひとつは全《すべ》て室町時代《むろまちじだい》に始《はじ》まったものなのです。

また、能楽《のうがく》、狂言《きょうげん》、大和絵《やまとえ》、水墨画《すいぼくが》、茶道《さどう》や華《か》道《どう》から、一寸法師《いっすんぼうし》や浦島太郎《うらしまたろう》などのおとぎ話《ばなし》まで、芸術《げいじゅつ》の面《めん》も多《おお》くは室町時代《むろまちじだい》に源流《げんりゅう》があります。それほど、室町時代《むろまちじだい》が現在《げんざい》の日本《にほん》に直結《ちょっけつ》しているのです。あまり目立《めだ》たない室町時代《むろまちじだい》が、今《いま》の日本《にほん》を作《つく》っていると思《おも》うと、なんとなく不思議《ふしぎ》な気持《きも》ちになりますね。

ところで、政治《せいじ》や外交《がいこう》はわかるけど、文化《ぶんか》ってわかりにくいんです、という声《こえ》をよく聞《き》くのですが、実《じつ》は政治《せいじ》の流《なが》れがわかっていると、文化《ぶんか》の流《なが》れもそのまま自然《しぜん》と頭《あたま》に入《はい》ってきます。

まず、新《あたら》しい文化《ぶんか》が入《はい》ってくると、その外来《がいらい》の文化《ぶんか》をそのまま〝模倣《もほう》〟した文化《ぶんか》が起《お》こります。そして、その刺激《しげき》が政治《せいじ》にも変革《へんかく》を起《お》こし、その変革《へんかく》の担《にな》い手《て》が〝清新《せいしん》〟で初々《ういうい》しい、力強《ちからづよ》い文化《ぶんか》をつくります。その政治《せいじ》が安定《あんてい》してくると、文化《ぶんか》も〝完成《かんせい》〟状態《じょうたい》となります。その後《ご》、しばらくして政治《せいじ》が乱《みだ》れてくるようになると、〝円熟《えんじゅく》〟〝退廃《たいはい》〟的《てき》な文化《ぶんか》に変化《へんか》していき、混乱《こんらん》（戦乱《せんらん》）を避《さ》けるために都《みやこ》を離《はな》れた文化人《ぶんかじん》が〝地方《ちほう》〟に文化《ぶんか》を広《ひろ》げていくという流《なが》れなんです。

これを図《ず》にすると、左《ひだり》の図《ず》のようになります。これが古代《こだい》、中世《ちゅうせい》、近世《きんせい》と三周《さんしゅう》するのです。少《すこ》し時間《じかん》をさかのぼることになりますが、ちょっとお付《つ》き合《あ》い下《くだ》さい。

まず一周目《いっしゅうめ》です。古代《こだい》のはじめの頃《ころ》に「仏教《ぶっきょう》」という刺激《しげき》がやってくると、聖徳太子《しょうとくたいし》や蘇我氏《そがし》らが、そのまま〝模倣《もほう》〟した**飛鳥文化《あすかぶんか》**をつくります。そして、その文化《ぶんか》をもたらした留学生《りゅうがくせい》たちが、政《せい》治改革《じかいかく》の波《なみ》を起《お》こして、大化《たいか》の改新《かいしん》を実行《じっこう》し、国家《こっか》建設期特有《けんせつきとくゆう》の〝清新《せいしん》〟な**白鳳文化《はくほうぶんか》**を形成《けいせい》しました。

そして、次《つぎ》の奈良時代《ならじだい》には、律令体制《りつりょうたいせい》が整備《せいび》され、安定《あんてい》し〝完成《かんせい》〟した**天平文化《てんぴょうぶんか》**、平安時代《へいあんじだい》になると、〝円熟《えんじゅく》〟した**弘仁貞観文化《こうにんじょうがんぶんか》**と続《つづ》くのです。その後《ご》、律令体制《りつりょうたいせい》が崩《くず》れてくると、徐々《じょじょ》に〝退廃《たいはい》的《てき》な〟**国風文化《こくふうぶんか》**になって、平安末期《へいあんまっき》の混乱期《こんらんき》には、〝地方《ちほう》〟に伝《つた》わっていくという流《なが》れです。

次《つぎ》に、二周目《にしゅうめ》です。古代《こだい》の文化《ぶんか》に新鮮味《しんせんみ》がなくなってきた時《とき》に、中国《ちゅうごく》の宋時代《そうじだい》の「禅文化《ぜんぶんか》」という新《あら》たな刺激《しげき》がやってきました。すると、鎌倉幕府《かまくらばくふ》という新《あら》たな武家政権《ぶけせいけん》ができて、〝清新《せいしん》〟で〝力強《ちからづよ》い〟**武家文化《ぶけぶんか》**が形成《けいせい》されます。そののち、室町《むろまち》時代《じだい》の足利義満《あしかがよしみつ》の時《とき》には、武家《ぶけ》と公家《くげ》とが融合《ゆうごう》した**北山文化《きたやまぶんか》**が〝完成《かんせい》〟しました。続《つづ》いて応仁《おうにん》の乱《らん》の頃《ころ》には〝円熟《えんじゅく》〟〝退廃《たいはい》〟的《てき》な**東山文化《ひがしやまぶんか》**となり、その後《ご》、混乱《こんらん》する京都《きょうと》を逃《のが》れた貴族《きぞく》たちによって〝地方《ちほう》〟に文化《ぶんか》が伝《つた》わったのです。パターンは一周目《いっしゅうめ》と同《おな》じですよね。

こういうふうに新《あたら》しい刺激《しげき》で文化《ぶんか》が始《はじ》まって、それが政治《せいじ》に大《おお》きな影響《えいきょう》を与《あた》えながら、模倣《もほう》→清新《せいしん》→力強《ちからづよ》い→完成《かんせい》→円熟《えんじゅく》→退廃《たいはい》→地方《ちほう》へ伝播《でんぱ》、というように変化《へんか》しながら日本《にほん》に定着《ていちゃく》、浸透《しんとう》していき、また次《つぎ》の新《あたら》しい刺激《しげき》で姿《すがた》を少《すこ》しずつ変《か》えていくのです。このように理解《りかい》すると、文化《ぶんか》は簡単《かんたん》に把握《はあく》できるでしょう。

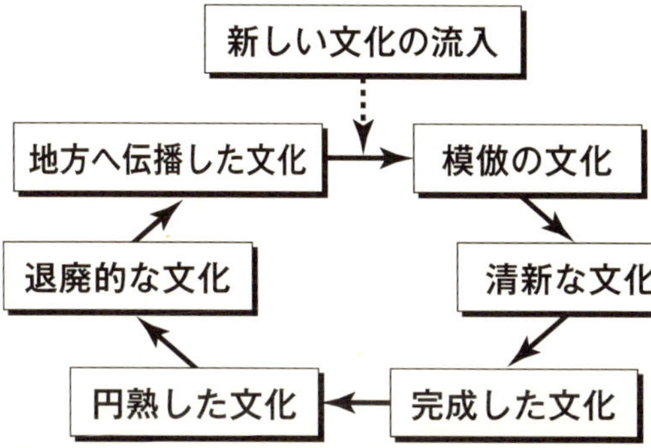

新しい文化の流入
模倣の文化
清新な文化
完成した文化
円熟した文化
退廃的な文化
地方へ伝播した文化

知典先生《とものりせんせい》の補講《ほこう》7 ―― 江戸時代《えどじだい》の年貢事情《ねんぐじじょう》

知典先生《とものりせんせい》：豊臣政権《とよとみせいけん》と江戸幕府《えどばくふ》の年貢率《ねんぐりつ》はそれぞれいくらですか。

生徒《せいと》：確《たし》か豊臣政権《とよとみせいけん》が**二公一民《にこういちみん》**です。江戸幕府《えどばくふ》は、前半《ぜんはん》が四公六民《しこうろくみん》で、後半《こうはん》は**五公五民《ごこうごみん》**です。

知典先生《とものりせんせい》：そうですね。正解《せいかい》です。それでは、豊臣政権《とよとみせいけん》と江戸幕府《えどばくふ》のどちらが農民《のうみん》の生活《せいかつ》は苦《くる》しかったと思《おも》いますか？

生徒《せいと》：百姓一揆《ひゃくしょういっき》とかも頻発《ひんぱつ》したので、当然江戸時代《とうぜんえどじだい》のほうが苦《くる》しかったと思《おも》います。

知典先生《とものりせんせい》：そうですよね。じゃあ、年貢率《ねんぐりつ》はどっちが高《たか》いですか？

生徒《せいと》：豊臣政権《とよとみせいけん》は二公一民《にこういちみん》だから約《やく》67％で、江戸幕府《えどばくふ》は五公五民《ごこうごみん》とすると50％。
　あれ？　豊臣政権《とよとみせいけん》のほうが高率《こうりつ》になっている。

知典先生《とものりせんせい》：そうですね。確《たし》かに江戸時代《えどじだい》よりも豊臣政権《とよとみせいけん》の方《ほう》が高率《こうりつ》です。ということは、江戸幕府《えどばくふ》は農民《のうみん》に優《やさ》しかったのかというと、そんなことはないはず。ここが今日《きょう》の不思議《ふしぎ》です。これをひも解《と》くポイントは気候変動《きこうへんどう》です。実《じつ》は、江戸時代《えどじだい》は特別《とくべつ》に寒《さむ》い時代《じだい》だったのです。一説《いっせつ》によると、年間平均気温《ねんかんへいきんきおん》が今《いま》より一《いち》、二度《にど》低《ひく》かったとも言《い》われています。平均気温二度《へいきんきおんにど》の差《さ》とは南九州《みなみきゅうしゅう》と東北地方《とうほくちほう》の違《ちが》いぐらいだそうです。

　実際《じっさい》に過去《かこ》の事例《じれい》を見《み》ても、江戸時代以前《えどじだいいぜん》はずいぶん暖《あたた》かかったことがわかります。

　例《たと》えば、弥生時代《やよいじだい》には穀物《こくもつ》を置《お》いて腐《くさ》らないようにと、床《ゆか》を高《たか》くした**高床倉庫《たかゆかそうこ》**があったといわれています。奈良時代《ならじだい》には、正倉院《しょうそういん》で有名《ゆうめい》な**校倉造《あぜくらづく》り**もありますね。百葉箱《ひゃくようばこ》のような形状《けいじょう》で、風通《かぜとお》しをよくした倉庫《そうこ》です。ということは、当時《とうじ》は今《いま》より相当湿気《そうとうしっけ》が強《つよ》く、気温《きおん》が高《たか》かったと想像《そうぞう》ができます。

　次《つぎ》は平安時代《へいあんじだい》です。清少納言《せいしょうなごん》の記《しる》した『枕草子《まくらのそうし》』に、「冬《ふゆ》はつとめて」というくだりがあります。「冬《ふゆ》の早朝《そうちょう》、雪《ゆき》が降《ふ》るのをじっと見《み》ているのはとても趣《おもむき》がある。昼《ひる》になって、寒《さむ》さがだんだんゆるんでいくと趣《おもむき》がない」と記《しる》しているのですが、今《いま》の京都《きょうと》で、真冬《まふゆ》の早朝《そうちょう》に、窓《まど》を開《あ》けて雪《ゆき》を見《み》て、趣《おもむき》があると感《かん》じるでしょうか。やはり、当時《とうじ》は雪《ゆき》が珍《めずら》しかったから、趣《おもむき》を感《かん》じたのではないでしょうか。

その後《ご》、鎌倉時代《かまくらじだい》の一時期《いちじき》を除《のぞ》いて、中世《ちゅうせい》の時代《じだい》も気温《きおん》が高《たか》かったと言《い》われています。このように、江戸時代《えどじだい》までの日本《にほん》は、ほぼ一貫《いっかん》して温暖《おんだん》な状況《じょうきょう》が続《つづ》いたと考《かんが》えて良《よ》いでしょう。

江戸時代《えどじだい》に入《はい》り、徳川家光《とくがわいえみつ》が鎖国《さこく》を決意《けつい》した頃《ころ》はまだ大丈夫《だいじょうぶ》だったのですが、十七世紀後半《じゅうななせいきこうはん》になると、気温《きおん》が徐々《じょじょ》に下《さ》がっていき、農作物《のうさくぶつ》が前《まえ》ほどは採《と》れなくなります。農民《のうみん》の取《と》り分《ぶん》を減《へ》らすにも限度《げんど》があるので、そうなると年貢《ねんぐ》の量《りょう》を減《へ》らすしかありません。だから、農民《のうみん》の取《と》り分《ぶん》が増《ふ》えたわけではないのに、年貢率《ねんぐりつ》が下《さ》がる結果《けっか》となったのです。これでは幕府財政《ばくふざいせい》が火《ひ》の車《くるま》になるのも理《り》解《かい》できますね。

その後《ご》は、もっぱら財政再建《ざいせいさいけん》の話《はなし》ばかりですね。**将軍吉宗**《しょうぐんよしむね》が農業《のうぎょう》の再建《さいけん》、**田沼意次**《たぬまおきつぐ》が商業《しょうぎょう》の活用《かつよう》、**松平定信**《まつだいらさだのぶ》が倹約《けんやく》の奨励《しょうれい》と、いろんな努力《どりょく》をしていきます。しかし、田沼《たぬま》の時代《じだい》には、浅間山《あさまやま》の噴火《ふんか》もあって、冷害《れいがい》はさらにひどくなっていきます。

結局《けっきょく》、財政再建《ざいせいさいけん》の努力《どりょく》はみんな失敗《しっぱい》に終《お》わり、幕府《ばくふ》は衰退《すいたい》の一途《いっと》をたどり、最終的《さいしゅうてき》には**薩長土肥**《さっちょうどひ》の四藩《よんはん》に倒《たお》されてしまいます。

薩長土肥《さっちょうどひ》とは、薩摩《さつま》（鹿児島《かごしま》）、長州《ちょうしゅう》（山口《やまぐち》）、土佐《とさ》（高知《こうち》）、肥前《ひぜん》（佐賀《さが》）です。地図《ちず》を思《おも》い浮《う》かべてください。実《じつ》は、みんな南《みなみ》の方《ほう》でしょう。つまり、幕府《ばくふ》が気候変動《きこうへんどう》の影響《えいきょう》を強《つよ》く受《う》けたのに比《くら》べると、比較的南方《ひかくてきなんぽう》の薩長土肥《さっちょうどひ》の四藩《よんはん》は、財政再建《ざいせいさいけん》に成功《せいこう》し、江戸幕府《えどばくふ》を倒《たお》すことができたのです。そう考《かんが》えると、江戸時代《えどじだい》は全《まった》く違《ちが》う姿《すがた》に見《み》えてきますね。

ちなみに、この時期《じき》の気候変動《きこうへんどう》は地球規模《ちきゅうきぼ》で起《お》こっていました。それが原因《げんいん》で、欧米《おうべい》でもピューリタン革命《かくめい》やアメリカ独立《どくりつ》革命《かくめい》、フランス革命《かくめい》が次々《つぎつぎ》と起《お》こっているのです。浅間山《あさまやま》の噴火《ふんか》と同時《どうじ》期《き》に起《お》こったアイスランドの火山《かざん》の噴火《ふんか》も影響《えいきょう》したと言《い》われています。

生徒《せいと》：へぇー。そうなんだ。不思議《ふしぎ》な話《はなし》ですね。

知典《とものり》先生《せんせい》の補講《ほこう》8 ——江戸時代《えどじだい》の大名事情《だいみょうじじょう》

知典先生《とものりせんせい》：江戸時代《えどじだい》に一万石以上《いちまんごくいじょう》の所領《しょりょう》を持《も》っている武士《ぶし》を**大名《だいみょう》**といいますが、一万石《いちまんごく》の大名《だいみょう》って、どれくらいなのかということをお話《はな》ししたいと思《おも》います。

まず、一石《いっこく》とは何《なん》でしょうか。

一石《いっこく》とは、人間一人《にんげんひとり》が一年間《いちねんかん》食《た》べて消費《しょうひ》するお米《こめ》の量《りょう》だといわれています。一年《いちねん》が約《やく》三五〇日《にち》(旧暦《きゅうれき》)で、一日三食《いちにちさんしょく》で一食《いっしょく》あたり一合《いちごう》食《た》べるとすると、一年《いちねん》で約千合《やくせんごう》。千合《せんごう》は一石《いっこく》ですので、人《にん》間一人《げんひとり》が一年間《いちねんかん》で消費《しょうひ》するお米《こめ》の量《りょう》が一石《いっこく》ということになります。つまり一万石《いちまんごく》とは一万人分《いちまんにんぶん》の食《しょく》料《りょう》になるぐらいの量《りょう》だということになります。

ところで、大名《だいみょう》の家臣《かしん》はどれくらいいるかというと、一万石《いちまんごく》につき二百三十五人《にん》という規定《きてい》があったそうです。だから、家族《かぞく》とか、そのまた家臣《かしん》とかを全部《ぜんぶ》合《あ》わせると、大体千五百人《だいたいせんごひゃくにん》くらいだったようです。

仮《かり》に、一万石《いちまんごく》の大名《だいみょう》で税率《ぜいりつ》が四公六民《しこうろくみん》だった場《ば》合《あい》、一万石《いちまんごく》のうち四千石《よんせんごく》が大名《だいみょう》の収入《しゅうにゅう》になります。ということは、その四千石《よんせんごく》で千五百人《せんごひゃくにん》を養《やしな》うわけです。だから、四千石《よんせんごく》のうち千五百石《せんごひゃっこく》は家臣《かしん》たちの食料《しょくりょう》として消費《しょうひ》されます。また、参勤交代《さんきんこうたい》の費《ひ》用《よう》で、大名《だいみょう》の収入《しゅうにゅう》の四割《よんわり》くらいをかけたといわれていますから、四千石《よんせんごく》のうち四割《よんわり》、約千五百石《やくせんごひゃっこく》は参勤交代《さんきんこうたい》の費用《ひよう》で消《き》えてしまいます。

つまり、四千石《よんせんごく》から、家臣《かしん》の食料分《しょくりょうぶん》の千五百《せんごひゃっ》石《こく》と参勤交代用《さんきんこうたいよう》の千五百石《せんごひゃっこく》を差《さ》し引《ひ》いた残《のこ》りが、大名自身《だいみょうじしん》で使《つか》える分《ぶん》で、大名《だいみょう》はこの米《こめ》を売《う》った現《げん》金収入《きんしゅうにゅう》で生活《せいかつ》することになるのです。

じゃあ、千石《せんごく》っていくらくらいなのかということになりますね。その当時《とうじ》、一石《いっこく》が大体一両《だいたいいちりょう》で、一両《いちりょう》は十万円《じゅうまんえん》から五十万円《ごじゅうまんえん》くらいだと言《い》われていますから、千石《せんごく》だったら一億円《いちおくえん》から五億円《ごおくえん》という計算《けいさん》になります。これが一万石《いちまんごく》の大名《だいみょう》の年間収《ねんかんしゅう》入《にゅう》というわけです。それが多《おお》いのか少《すく》ないのかは判断《はんだん》の分《わ》かれるところでしょうが、かなりの贅沢《ぜいたく》ができる高収入《こうしゅうにゅう》だといえるでしょう。

次《つぎ》に、将軍《しょうぐん》やその家族《かぞく》は、どういう生活《せいかつ》をしていたのでしょうか。将軍《しょうぐん》や正室《せいしつ》や側室《そくしつ》たちは、食《しょ》事《くじ》は最低一人当《さいていひとりあ》たり六人分《ろくにんぶん》、多《おお》い時《とき》は十人《じゅうにん》、二十《にじゅう》人分準備《にんぶんじゅんび》をしていたそうです。例《たと》えば、焼《や》き魚《ざかな》を出《だ》すということになったら、食《た》べる一尾《いちび》の魚《さかな》だけ準備《じゅんび》するのではなくて、六人分以上準備《ろくにんぶんいじょうじゅんび》し、そのうち一《ひと》つはお毒見役《どくみやく》が食《た》べて、残《のこ》りが将軍《しょうぐん》や女性《じょせい》たちが食《た》べる分《ぶん》です。しかし、基本的《きほんてき》には一皿《ひとさら》の食《た》べ物《もの》は一箸《ひとはし》しか食《た》べません。一口《ひとくち》食《た》べたらそのお膳《ぜん》は下《さ》げ、また新《あたら》しい焼《や》き魚《ざかな》を出《だ》してきて、また一口《ひとくち》食《た》べて、また下《さ》げるという食生活《しょくせいかつ》をしています。

また、一説《いっせつ》によると、大奥《おおおく》の女性《じょせい》は、仕立《した》てた着物《きもの》を一回しか着《き》なかった時代《じだい》があったらしいです。毎日新調《まいにちしんちょう》した着物《きもの》を着《き》る、ということですね。当然《とうぜん》、お古《ふる》になった着物《きもの》は下《さ》げ渡《わた》しして、売《う》り払《はら》ったりするわけですが。

この食事《しょくじ》と着物《きもの》の話《はなし》は、将軍《しょうぐん》やその周囲《しゅうい》の人《ひと》たちが相当《そうとう》な贅沢《ぜいたく》をしていたということです。これでは財政《ざいせい》が破綻《はたん》するのも理解《りかい》できます。享保《きょうほう》の改《かい》革《かく》を断行《だんこう》した徳川吉宗《とくがわよしむね》が、麻《あさ》の着物《きもの》を着《き》て、たくさんの大奥《おおおく》の女中《じょちゅう》たちに暇《ひま》を出《だ》し、緊縮財政《きんしゅくざいせい》をした気持《きも》ちも分《わ》かる気《き》がします。なんとなく吉宗《よしむね》に親近感《しんきんかん》を感《かん》じてしまいますね。

年代暗記《ねんだいあんき》ゴロゴロ99

	出来事	年代	ごろ
1	倭《わ》の朝鮮出兵《ちょうせんしゅっぺい》	391年	高句麗《こうくり》に　作為《さくい》(さくい)があった　朝鮮出兵《ちょうせんしゅっぺい》
2	倭王武《わおうぶ》の上表文《じょうひょうぶん》	478年	余《よ》の名《な》は(よのなは)武《ぶ》なり　倭《わ》の五王《ごおう》
3	任那《みまな》の4県《けん》百済《くだら》に割譲《かつじょう》	512年	金村《かなむら》が　故意《こい》に(こいに)譲《ゆず》った　任那《みまな》の4県《けん》
4	磐井《いわい》の乱《らん》	527年	磐井《いわい》の乱《らん》　百済《くだら》の救済《きゅうさい》　いつにな(いつにな)る
5	仏教公伝《ぶっきょうこうでん》	538年	仏教公伝《ぶっきょうこうでん》　ご参拝《さんぱい》(ごさんぱい)
6	聖徳太子《しょうとくたいし》、摂政就任《せっしょうしゅうにん》	593年	聖徳《しょうとく》は　国民《こくみん》(こくみ)のため　摂政就任《せっしょうしゅうにん》
7	冠位十二階《かんいじゅうにかい》	603年	冠位付《かんいづ》け　禄《ろく》をさ(ろくをさ)ずける　十二階《じゅうにかい》
8	憲法十七条制定《けんぽうじゅうしちじょうせいてい》	604年	労惜《ろうお》し(ろうおし)むなと　十七条《じゅうしちじょう》
9	遣隋使派遣《けんずいしはけん》	607年	遣隋使《けんずいし》　怒《いか》る煬帝《ようだい》　無礼《ぶれい》な(ぶれいな)り
10	第一回遣唐使《だいいっかいけんとうし》	630年	遣唐使《けんとうし》　危険《きけん》な航海《こうかい》　殺《ころ》され(ころされ)る
11	白村江《はくすきのえ》の戦《たたか》い	663年	無論《むろん》さん(むろんさん)ざん　白村江《はくすきのえ》
12	庚午年籍《こうごねんじゃく》	670年	ろくな例《れい》(ろくなれい)なし　庚午年籍《こうごねんじゃく》
13	壬申《じんしん》の乱《らん》	672年	無難《ぶなん》に(ぶなんに)乗《の》り切《き》る　壬申《じんしん》の乱《らん》
14	飛鳥浄御原令《あすかのきよみはらりょう》の施行《しこう》	689年	飛鳥《あすか》から　無役《むやく》(むやく)の人《ひと》も　役人《やくにん》に
15	大宝律令制定《たいほうりつりょうせいてい》	701年	大宝律令《たいほうりつりょう》　中身《なかみ》は無《な》くても　名《な》は一番《いちばん》(なわいちばん)
16	平城京遷都《へいじょうきょうせんと》	710年	南都《なんと》(なんと)の都《みやこ》は　平城京《へいじょうきょう》
17	日本書紀編纂《にほんしょきへんさん》	720年	何《なに》を(なにを)おいても　日本書紀《にほんしょき》
18	三世一身法《さんぜいっしんのほう》	723年	私有《しゆう》はうそだぞ「何《なに》、三世《さんぜ》(なにさんぜ)」
19	長屋王《ながやおう》の変《へん》	729年	長屋王《ながやおう》　何苦《なにく》(なにく)労《ろう》なく　倒《たお》された
20	国分寺建立《こくぶんじこんりゅう》の詔《みことのり》	741年	国分寺《こくぶんじ》　質《しつ》よい(しつよい)寺《てら》を　全国《ぜんこく》に
21	墾田永年私財法《こんでんえいねんしざいほう》	743年	なじみ(なじみ)の墾田《こんでん》　私財法《しざいほう》
22	大仏造立《だいぶつぞうりゅう》の詔《みことのり》	743年	るしゃなぶつ　なじみ(なじみ)の顔《かお》の大仏《だいぶつ》さん
23	大仏開眼供養《だいぶつかいげんくよう》	752年	おなごに(おなごに)あらず　大仏《だいぶつ》は
24	長岡京遷都《ながおかきょうせんと》	784年	長岡京《ながおかきょう》　名《な》は知《し》(なはし)られずに　平安京《へいあんきょう》へ
25	平安京遷都《へいあんきょうせんと》	794年	鳴《な》くよ(なくよ)　ウグイス　平安京《へいあんきょう》
26	薬子《くすこ》の変《へん》	810年	嵯峨天皇《さがてんのう》　薬子《くすこ》の変《へん》で　はっと(はっと)した
27	承和《じょうわ》の変《へん》	842年	良房《よしふさ》の　野心《やしん》に(やしんに)びっくり　承和《じょうわ》の変《へん》
28	応天門《おうてんもん》の変《へん》	866年	応天門《おうてんもん》　火事《かじ》で追放《ついほう》は　無論無理《むろんむり》(はむろんむり)
29	遣唐使廃止《けんとうしはいし》	894年	道真《みちざね》で　白紙《はくし》(はくし)に戻《もど》す　遣唐使《けんとうし》
30	安和《あんな》の変《へん》	969年	安和《あんな》の変《へん》　最後《さいご》の排斥《はいせき》　腹黒《はらくろ》く(くろく)
31	尾張国郡司百姓等解文《おわりこくのぐんじひゃくしょうらのげぶみ》	988年	尾張《おわり》では　苦《く》はや(くはや)めてよと　解文出《げぶみだ》す
32	刀伊《とい》の入寇《にゅうこう》	1019年	遠《とお》い国《くに》(とおいく)から　刀伊《とい》の入寇《にゅうこう》
33	前九年《ぜんくねん》の役《えき》始《はじ》まる	1051年	源氏来《げんじき》て　一応合意《いちおうごうい》(いちおうごうい)　前九年《ぜんくねん》

年《ねん》代《だい》暗《あん》記《き》ゴロゴロ99

	出来事	年代	ごろ
34	延《えん》久《きゅう》の荘《しょう》園《えん》整《せい》理《り》令《れい》	1069年	記《き》録《ろく》所《しょ》で　登《とう》録《ろく》(とうろく)しよう　後《ご》三《さん》条《じょう》
35	白《しら》河《かわ》上《じょう》皇《こう》院《いん》政《せい》開《かい》始《し》	1086年	父《とう》ちゃんやろう(とうちゃんやろう)と　院《いん》政《せい》開《かい》始《し》
36	保《ほう》元《げん》の乱《らん》	1156年	保《ほう》元《げん》の　大《たい》乱《らん》終《おわ》って　いい頃《ころ》(いいころ)だ
37	平《へい》治《じ》の乱《らん》	1159年	人《ひと》々《びと》号《ごう》泣《きゅう》(ひとびとごうきゅう)平《へい》治《じ》の乱《らん》
38	侍所《さむらいどころ》設《せっ》置《ち》	1180年	侍所《さむらいどころ》　御《ご》家《け》人《にん》たちに　日《ひ》々《び》発《はつ》令《れい》(ひびはつれい)
39	守《しゅ》護《ご》・地《じ》頭《とう》の設《せっ》置《ち》	1185年	守《しゅ》護《ご》・地《じ》頭《とう》　荘《しょう》園《えん》領《りょう》主《しゅ》に　一《いち》々《いち》反《はん》抗《こう》(いちいちはんこう)
40	源《みなもとの》頼《より》朝《とも》征《せい》夷《い》大《たい》将《しょう》軍《ぐん》就《しゅう》任《にん》	1192年	関《かん》東《とう》に　いい国《くに》(いいくに)作《つく》ろう　頼《より》朝《とも》将《しょう》軍《ぐん》
41	和《わ》田《だ》合《かっ》戦《せん》	1213年	人《ひと》に意《い》味《み》(ひとにいみ)なし　和《わ》田《だ》合《かっ》戦《せん》
42	承《じょう》久《きゅう》の乱《らん》	1221年	人《ひと》に不《ふ》意《い》(ひとにふい)打《う》ち　承《じょう》久《きゅう》の乱《らん》
43	御《ご》成《せい》敗《ばい》式《しき》目《もく》制《せい》定《てい》	1232年	人《ひと》に賛《さん》辞《じ》(ひとにさんじ)の　御《ご》成《せい》敗《ばい》
44	文《ぶん》永《えい》の役《えき》	1274年	言《い》うなよ(いうなよ)　元《げん》へ　神《かみ》風《かぜ》を
45	弘《こう》安《あん》の役《えき》	1281年	いつも　敗《はい》(いつもはい)走《そう》　弘《こう》安《あん》の役《えき》
46	霜《しも》月《つき》騒《そう》動《どう》	1285年	霜《しも》月《つき》に　意《い》地《じ》で反《はん》抗《こう》(いじではんこう)　安《あ》達《だち》泰《やす》盛《もり》
47	永《えい》仁《にん》の徳《とく》政《せい》令《れい》	1297年	皮《ひ》肉《にく》な(ひにくな)結《けっ》果《か》の　徳《とく》政《せい》令《れい》
48	鎌《かま》倉《くら》幕《ばく》府《ふ》滅《めつ》亡《ぼう》	1333年	一《いち》味《み》さんざん(いちみさんざん)　幕《ばく》府《ふ》滅《めつ》亡《ぼう》
49	足《あし》利《かが》尊《たか》氏《うじ》征《せい》夷《い》大《たい》将《しょう》軍《ぐん》就《しゅう》任《にん》	1338年	瞳《ひとみ》さわ(ひとみさわ)やか　室《むろ》町《まち》幕《ばく》府《ふ》
50	半《はん》済《ぜい》令《れい》	1352年	父《とう》さん　ご不《ふ》(とうさんごふ)満《まん》　半《はん》済《ぜい》令《れい》
51	明《めい》徳《とく》の乱《らん》	1391年	瞳《ひとみ》食《く》い(ひとみくい)入《い》る　明《めい》徳《とく》の乱《らん》
52	南《なん》北《ぼく》朝《ちょう》の合《ごう》一《いつ》	1392年	義《よし》満《みつ》の　秘《ひ》策《さく》に(ひさくに)負《ま》けて　南《なん》北《ぼく》合《ごう》一《いつ》
53	遣《けん》明《みん》使《し》を派《は》遣《けん》	1401年	投《とう》資《し》は一《いっ》本《ぽん》(とうしはいっぽん)　遣《けん》明《みん》使《し》
54	正《しょう》長《ちょう》の土《つち》一《いっ》揆《き》	1428年	人《ひと》の世《よ》には(ひとのよには)　正《しょう》長《ちょう》農《のう》民《みん》一《いっ》揆《き》する
55	琉《りゅう》球《きゅう》王《おう》国《こく》建《けん》国《こく》	1429年	一《ひと》夜《よ》に国《くに》(ひとよにくに)たつ　琉《りゅう》球《きゅう》王《おう》国《こく》
56	永《えい》享《きょう》の乱《らん》	1438年	人《ひと》世《よ》見《み》放《はな》す(ひとよみは)　永《えい》享《きょう》の乱《らん》
57	嘉《か》吉《きつ》の乱《らん》	1441年	一《ひと》夜《よ》酔《よ》い(ひとよよい)すぎ　嘉《か》吉《きつ》の乱《らん》
58	応《おう》仁《にん》の乱《らん》	1467年	人《ひと》世《よ》むな(ひとよむな)しい　応《おう》仁《にん》の乱《らん》
59	山《やま》城《しろ》の国《くに》一《いっ》揆《き》	1485年	意《い》思《し》はいつ(いしはいつ)でも　国《くに》一《いっ》揆《き》
60	加《か》賀《が》の一《いっ》向《こう》一《いっ》揆《き》	1488年	人《ひと》世《よ》はば(ひとよはば)かる　一《いっ》向《こう》一《いっ》揆《き》
61	三《さん》浦《ぽ》の乱《らん》	1510年	朝《ちょう》鮮《せん》は　以《い》後《ご》通《とお》(いごとお)せんぽ　三《さん》浦《ぽ》の乱《らん》
62	寧《ニン》波《ポー》の乱《らん》	1523年	以《い》後《ご》罪《つみ》(いごつみ)深《ぶか》い　寧《ニン》波《ポー》の乱《らん》
63	キリスト教《きょう》伝《でん》来《らい》	1549年	以《い》後《ご》よく(いごよく)　ひろがる　キリスト教《きょう》
64	刀《かたな》狩《がり》令《れい》	1588年	刀《かたな》狩《がり》　以《い》後《ご》は刃《は》(いごはは)物《もの》の　所《しょ》持《じ》厳《げん》禁《きん》
65	豊《とよ》臣《とみ》秀《ひで》吉《よし》全《ぜん》国《こく》統《とう》一《いつ》	1590年	以《い》後《ご》苦《く》は(いごくは)なく　天《てん》下《か》統《とう》一《いつ》
66	文《ぶん》禄《ろく》の役《えき》	1592年	異《い》国《こく》に(いこくに)侵《しん》略《りゃく》　朝《ちょう》鮮《せん》出《しゅっ》兵《ぺい》

年代暗記《ねんだいあんき》ゴロゴロ99

	出来事	年代	ごろ
67	慶長《けいちょう》の役《えき》	1597年	以後苦難《いごくなん》（いごくなん）の慶長《けいちょう》の役《えき》
68	徳川家康《とくがわいえやす》征夷大将軍《せいいたいしょうぐん》就任《しゅうにん》	1603年	家康《いえやす》が異論抑《いろんおさ》（いろんおさ）えて　江戸幕府《えどばくふ》
69	糸割符制《いとわっぷせい》開始《かいし》	1604年	色《いろ》は白《しろ》（いろはし）いぞ　糸割符《いとわっぷ》
70	幕府《ばくふ》、天領《てんりょう》に禁教令《きんきょうれい》	1612年	広《ひろ》い日《に》（ひろいに）本《ほん》に　禁教令《きんきょうれい》
71	慶長遣欧使節《けいちょうけんおうしせつ》（支倉常長《はせくらつねなが》）	1613年	常長《つねなが》は　一路勇《いちろいさ》ん（いちろいさん）で　ヨーロッパ
72	元和《げんな》の武家諸法度《ぶけしょはっと》	1615年	大名《だいみょう》の　異論以後《いろんいご》（いろんいご）なし　元和令《げんなれい》
73	ヨーロッパ船《せん》の寄港地《きこうち》を平戸《ひらど》と長崎《ながさき》に限定《げんてい》	1616年	いろいろ（いろいろ）寄《よ》れない　欧州船《おうしゅうせん》
74	紫衣事件《しえじけん》	1629年	色《いろ》に苦《くる》（いろにくる）しむ　紫衣事件《しえじけん》
75	奉書船以外《ほうしょせんいがい》の海外渡航禁止《かいがいとこうきんし》	1633年	一路《いちろ》さんざん（いちろさんざん）　奉書船《ほうしょせん》
76	日本人《にほんじん》の海外渡航帰国《かいがいとこうきこく》の全面禁止《ぜんめんきんし》	1635年	広《ひろ》く見事《みごと》（ひろくみご）な　鎖国令《さこくれい》
77	島原《しまばら》の乱《らん》	1637年	一路《いちろ》みんなで（いちろみんな）　島原《しまばら》の乱《らん》
78	オランダ人出島《じんでじま》にうつす	1641年	登録《とうろく》し一緒《いっしょ》に（とうろくしい）住《す》ませる　オランダ人《じん》
79	田畑永代売買《でんばたえいだいばいばい》の禁令《きんれい》	1643年	田畑《でんばた》の　売買禁令《ばいばいきんれい》　人無視《ひとむし》さ（ひとむしさ）
80	由井正雪《ゆいしょうせつ》の乱《らん》	1651年	ひとむごい（ひとむごい）ねと　正雪《しょうせつ》の乱《らん》
81	シャクシャインの乱《らん》	1669年	一路《いちろ》むく（いちろむく）れて　シャクシャイン
82	生類憐《しょうるいあわれ》みの令《れい》	1687年	人禄離《ひとろくはな》（ひとろくはな）れて　憐《あわれ》みの令《れい》
83	元禄金銀鋳造《げんろくきんぎんちゅうぞう》	1695年	広《ひろ》く困《こま》（ひろくこ）らす　元禄金銀《げんろくきんぎん》
84	海舶互市新例《かいはくごししんれい》	1715年	いいな以後《いご》（いいないご）より　互市新例《ごししんれい》
85	享保《きょうほう》の改革開始《かいかくかいし》	1716年	吉宗《よしむね》の　非難《ひなん》いろ（ひなんいろ）いろ　享保改革《きょうほうかいかく》
86	相対済《あいたいす》まし令《れい》	1719年	いいないく（いいないく）らか　済《す》まし令《れい》
87	目安箱設置《めやすばこせっち》	1721年	吉宗《よしむね》は　非難《ひなん》に一応《いちおう》（ひなんにいち）　目安箱《めやすばこ》
88	公事方御定書《くじかたおさだめがき》	1742年	人《ひと》でなしに（ひとでなしに）は　御定書《おさだめがき》
89	浅間山噴火《あさまやまふんか》	1783年	人悩《ひとなや》み（ひとなやみ）ぬく　浅間山《あさまやま》
90	寛政《かんせい》の改革開始《かいかくかいし》	1787年	定信《さだのぶ》は　倹約《けんやく》やりすぎ　非難《ひなん》やな（ひなんやな）
91	棄捐令《きえんれい》	1789年	棄捐令《きえんれい》　金貸《かねか》し商人《しょうにん》に　非難《ひなん》わく（ひなんわく）
92	寛政異学《かんせいいがく》の禁《きん》	1790年	異学《いがく》への　非難暮《ひなんく》れ（ひなんくれ）には　完成《かんせい》よ
93	ラクスマン、根室《ねむろ》に来航《らいこう》	1792年	ラクスマン　ロシア人《じん》だよ　粋《いき》な国《くに》（いきなくに）
94	フェートン号事件《ごうじけん》	1808年	長崎《ながさき》で　違反《いはん》をやった（いはんをや）　フェートン号《ごう》
95	異国船打《いこくせんう》ち払《はら》い令《れい》	1825年	永遠《とわ》に来《こ》（とわにこ）ぬよう　異国船《いこくせん》
96	大塩平八郎《おおしおへいはちろう》の乱《らん》	1837年	人《ひと》はみな（ひとはみな）　拍手《はくしゅ》で迎《むか》える平八郎《へいはちろう》
97	天保《てんぽう》の改革開始《かいかくかいし》	1841年	忠邦《ただくに》の　行《い》きはよい（いきはよい）よい　天保改革《てんぽうかいかく》
98	天保《てんぽう》の薪水給与令《しんすいきゅうよれい》	1842年	人《ひと》は世《よ》に（ひとはよに）問《と》う　薪水令《しんすいれい》
99	ペリー来航《らいこう》	1853年	ペリー来航《らいこう》　いや誤算《ごさん》（いやごさん）

◆著者紹介《ちょしゃしょうかい》◆

原案・宮崎 知典(みやざき とものり)

みすず学苑《がくえん》　スーパーバイザー・専任講師《せんにんこうし》

1961年《ねん》、山口県《やまぐちけん》に生《う》まれる。上智大学文学部史学科卒《じょうちだいがくぶんがくぶしがくかそつ》。

みすず学苑《がくえん》は、「怒濤《どとう》の英語力《えいごりょく》」「1クラス平均《へいきん》20名《めい》」「難関校合格主義《なんかんこうごうかくしゅぎ》」「学力別《がくりょくべつ》クラス編成《へんせい》」「カレッジタイムシステム」の特徴《とくちょう》で知《し》られ、難関大学進学率《なんかんだいがくしんがくりつ》、18年連続《ねんれんぞく》9割《わり》突破《とっぱ》の実績《じっせき》を誇《ほこ》る。

著者《ちょしゃ》は、同予備校《どうよびこう》で36年間受験生指導《ねんかんじゅけんせいしどう》にあたっている。専門《せんもん》の日本史《にほんし》はもとより、世界史《せかいし》、政治経済《せいじけいざい》、地理《ちり》、なんでもマスターしており、その豊富《ほうふ》な知識量《ちしきりょう》から、受験生《じゅけんせい》のどんな質問《しつもん》にもスラスラと答《こた》える。そして、それが大変《たいへん》わかりやすいとの定評《ていひょう》があるのである。さらに、明《あか》るい性格《せいかく》と面倒見《めんどうみ》のよさ、温《あたた》かいアドバイスなど、受験生《じゅけんせい》と保護者《ほごしゃ》から抜群《ばつぐん》の信頼《しんらい》と人気《にんき》が寄《よ》せられている。著者《ちょしゃ》のクラスからは、毎年全国模試一《まいねんぜんこくもしひと》ケタ順位《じゅんい》の生徒《せいと》が何人《なんにん》も出《で》ている。

脚本・南部 英夫(なんぶ ひでお)

映画監督《えいがかんとく》・脚本家《きゃくほんか》

1939年《ねん》、福井県《ふくいけん》に生《う》まれる。早稲田大学卒《わせだだいがくそつ》。松竹大船撮影所《しょうちくおおふなさつえいじょ》に助監督《じょかんとく》として入社《にゅうしゃ》。「愛《あい》と誠《まこと》・完結篇《かんけつへん》」で監督《かんとく》、のちフリー。

最近作《さいきんさく》に「恋《こい》するトマト――クマインカナバ」。他《ほか》に劇場用映画《げきじょうようえいが》、テレビ映画《えいが》、ビデオシネマなどで監督《かんとく》・脚本作品多数《きゃくほんさくひんたすう》。

日本映画監督協会会員《にほんえいがかんとくきょうかいかいいん》、日本大学芸術学部映画学科非常勤講師《にほんだいがくげいじゅつがくぶえいがかっかひじょうきんこうし》。

中央公論新社刊《ちゅうおうこうろんしんしゃかん》 全集《ぜんしゅう》『マンガ 日本《にほん》の歴史《れきし》』(石ノ森章太郎《いしのもりしょうたろう》・作《さく》)の脚本部門《きゃくほんぶもん》を担当《たんとう》。

作画・池原 しげと(いけはら しげと)

漫画家《まんがか》

1952年《ねん》、富山県《とやまけん》に生《う》まれる。1970年《ねん》、手塚《てづか》プロに入社《にゅうしゃ》。1971年《ねん》、手塚治虫原作《てづかおさむげんさく》の『ふしぎなメルモ』の代筆《だいひつ》でデビュー。以後《いご》、学年誌《がくねんし》やコミックボンボンを中心《ちゅうしん》に、漫画《まんが》家《か》として独立《どくりつ》。代表作《だいひょうさく》に『ファミコン風雲児《ふううんじ》』『超人戦隊《ちょうじんせんたい》バラタック』『ロックマンシリーズ』『プロゴルファー一条一也《いちじょうかずや》』『魔女《まじょ》っ子《こ》メグちゃん』など。

他《ほか》に『エルガイム』『ダンバイン』『ガンダム0080』等《とう》アニメのコミカライズも多数《たすう》。

近年《きんねん》は『プロジェクトX《エックス》』や『その時歴史《ときれきし》が動《うご》いた』のコミカライズも多数《たすう》。

ゴルフレッスンコミックで、『芹澤信雄円熟《せりざわのぶおえんじゅく》のスマートゴルフ』を連載中《れんさいちゅう》。

宮崎知典先生の授業が受けられる予備校

大学受験 怒濤の英語力 みすず学苑 TEL 0120-306-369
https://www.misuzu-gakuen.jp/

■西荻本校	東京都杉並区西荻北3-19-1　ニシオギビル3F	☎03-3394-7432
■上野の森校舎	東京都台東区東上野4-8-1　TIXTOWER UENO2F	☎03-5806-2735
■立川駅・北口校	東京都立川市曙町1-14-14　コアビル5F	☎042-548-0072
■横浜校	神奈川県横浜市西区北幸1-2-13　横浜西共同ビル8F	☎045-290-3831
■南浦和校	埼玉県さいたま市南区南浦和2-33-12　中村ビル1F	☎048-883-5221
■大宮校	埼玉県さいたま市大宮区大門町2-22-1　TAIGAビル6F	☎048-642-9643
■千葉駅校	千葉県千葉市中央区富士見1-1-1　千葉駅前ビル6F	☎043-221-5557
■所沢校	埼玉県所沢市日吉町9-3　第五兼七ビル4F	☎04-2929-1518
■松戸駅校	千葉県松戸市本町14-2　松戸第一生命ビル2F	☎047-331-5007
■川越校	埼玉県川越市脇田本町1-5　川越ウエストビル8F	☎049-248-1571

日本史の流れが一気にわかる!!

マンガ日本史 上

平成22年 3月25日　初版発行
令和 2 年 6月30日　第2版第3刷発行

原　案　　宮崎知典
脚　本　　南部英夫
作　画　　池原しげと

発行人　　杉田百帆
発行所　　株式会社　たちばな出版
〒167-0053　東京都杉並区西荻南2-20-9　たちばな出版ビル
TEL.03-5941-2341(代)　FAX.03-5941-2348
ホームページ　https://www.tachibana-inc.co.jp/

企画・編集協力　嶋中事務所
印刷・製本　大日本印刷株式会社

ブックデザイン　(株)精美堂（AD:丸山邦彦　D:山宮徹・寺尾芳江）

ISBN978-4-8133-2315-0
©2010 Tomonori Miyazaki/Hideo Nanbu/Shigeto Ikehara
Published by TACHIBANA PUBLISHING INC.
Printed in Japan
落丁本・乱丁本はお取りかえいたします。
定価はカバーに記載しています。